身体功能训练动作指导丛书

功能性训练
动作解剖图解
躯干支柱力量训练
FUNCTIONAL TRAINING

沈兆喆　王雄　主编

人民邮电出版社
北京

图书在版编目（CIP）数据

功能性训练动作解剖图解. 躯干支柱力量训练 / 沈兆喆，王雄主编. -- 北京：人民邮电出版社，2021.8
（身体功能训练动作指导丛书）
ISBN 978-7-115-55326-3

Ⅰ. ①功… Ⅱ. ①沈… ②王… Ⅲ. ①力量训练—图解 Ⅳ. ①G808.1-64

中国版本图书馆CIP数据核字(2020)第225741号

免责声明

本书内容旨在为大众提供有用的信息。所有材料（包括文本、图形和图像）仅供参考，不能替代医疗诊断、建议、治疗或来自专业人士的意见。所有读者在需要医疗或其他专业协助时，均应向专业的医疗保健机构或医生进行咨询。作者和出版商都已尽可能确保本书技术上的准确性以及合理性，并特别声明，不会承担由于使用本出版物中的材料而遭受的任何损伤所直接或间接产生的与个人或团体相关的一切责任、损失或风险。

内 容 提 要

本套丛书由国家队体能教练沈兆喆和国家体能训练中心负责人王雄联合主编，从教练员及运动员非常关注的、可有效提升运动表现的"快速伸缩复合训练""力量训练"以及"躯干支柱力量训练"三个板块入手，将理论讲解与实际训练指导相结合，致力于为广大教练员、运动员及健身爱好者提供一个功能性训练理论与实践相衔接的桥梁，从而更好地指导训练，提高运动水平。

本书介绍的是功能性训练体系中的"躯干支柱力量训练"，书中不仅讲解了躯干支柱的运动解剖学机理、力量训练的益处以及应用原则等基础知识，还从不同的动作模式和身体部位出发，提供了丰富的训练动作，并给出了训练方案设计的原则与示例，可以有效帮助教练员及运动员科学训练，进而有效提高运动表现。

- ◆ 主　　编　沈兆喆　王　雄
  　　责任编辑　林振英
  　　责任印制　马振武
- ◆ 人民邮电出版社出版发行　　北京市丰台区成寿寺路 11 号
  　　邮编　100164　　电子邮件　315@ptpress.com.cn
  　　网址　https://www.ptpress.com.cn
  　　廊坊市印艺阁数字科技有限公司印刷
- ◆ 开本：700×1000　1/16
  　　印张：9　　　　　　　　　　　2021 年 8 月第 1 版
  　　字数：162 千字　　　　　　　2024 年 10 月河北第 5 次印刷

定价：68.00 元

读者服务热线：(010)81055296　印装质量热线：(010)81055316
反盗版热线：(010)81055315
广告经营许可证：京东市监广登字 20170147 号

动作视频在线观看说明

本书提供部分训练动作的示范视频，您可通过微信"扫一扫"，扫描书中的二维码进行观看。

步骤1 打开微信"扫一扫"（图1）。

步骤2 扫描动作练习页面上的二维码。

步骤3 如果您尚未关注微信公众号"人邮体育"，扫描后会出现"人邮体育"的二维码。请根据说明关注"人邮体育"，并在关注后点击"资源详情"（图2），即可进入动作视频观看页面（图3）。如果您已关注微信公众号"人邮体育"，扫描后可直接进入动作视频观看页面。

图1　　　　　　　　　　　图2　　　　　　　　　　　图3

Contents 目录

第 1 章　功能性训练

第 2 章　躯干支柱力量训练基础

第 3 章　肩部支柱力量训练

第 **4** 章　脊柱腰段支柱力量训练

第 **5** 章　髋部支柱力量训练

第 **6** 章　躯干支柱力量训练计划的制订

第 1 章
功能性训练

1.1 功能性训练简述

功能性训练是目前最受欢迎的训练体系之一，它符合竞技体育时代运动员想要从根本上提升身体功能的需求。"功能性训练"中的"功能"也就是身体最基本的运动表现。功能性训练既能广泛应用在各种大众健身活动中，也能用在专项的运动训练中。因此关于功能性训练的定义，在竞技运动领域既有广义的表述，也有狭义的表述。前者将"功能性训练"定义为人们为了提升生活中各种日常活动和运动的表现而进行的训练；后者则将其定义为人们为了提升专项运动能力，以最基本的、正确的身体姿势和动作为基础进行的训练，意在整合和优化身体最基本的运动能力，从而达到纠正动作模式、提升脊柱力量、优化动力链、加快身体机能的恢复与再生等目的，最终提升专项运动能力。

功能性训练最早源自医疗康复领域，在运动员发生运动损伤进行恢复治疗时，物理治疗师会在康复过程中加入一些基本的恢复身体功能、纠正身体姿态的练习，使运动员的竞技水平尽快恢复。这些基本的恢复身体功能、纠正身体姿态的练习，就是早期的"功能性训练"。随着竞技体育的发展，职业运动员在发生运动损伤后，都想尽快恢复身体功能与竞技水平，因此功能性训练被运用得越来越广泛，并形成了独有的训练体系。由于功能性训练对提升竞技水平有着较好的促进作用，进而被推广至专业的竞技体能训练领域，并得到了长足的发展。

功能性训练一直处于发展状态，定义的范畴、训练的适用范围还在不断扩大，并衍生了很多新概念，训练方法也越来越多样化，因此"功能性训练"还未形成一个固定定义，它的准确定义一直处于发展和讨论之中。我们前面所讲述的定义，也都存在争议，但这是目前对功能性训练的比较普遍的认知。

1.2 功能性训练的动作模式特点和训练理念特点

与传统的体能训练相比，功能性训练在动作模式和训练理念上具有以下特点。

动作模式特点

■ 多样化

与传统训练中相对单一的动作模式相比，功能性训练有丰富的动作模式，包括推、拉、蹲、跳跃、翻滚、爬行、体屈、体转等。这些动作模式是以人体的 3 个基本运动平面和 3 个运动轴为基础，按照时间、次序等要求进行的一系列组合的动作。功能性训练就是不断使人们学习与发展这些动作模式，使人体运动系统的结构和功能发生适应性变化，并将这些变化表现在人体自身已具有的动作或动作模式上，从而提升人们的运动表现。

■ 多维度

功能性训练强调多维度、多平面的动作，强调多关节参与。大部分传统的力量训练会将身体各部分的训练分隔开，对人体单一部位进行单维度的练习，追求的是肌肉的肥大与力量的增强；而在功能性训练中，多维度的动作则是多个肌肉群共同完成的多关节练习，将动作视为相互关联的整体系统，这样锻炼能使身体功能得到协调发展，身体的控制力、关节的灵活性和稳定性都能得到增强，所做的动作就更为精确、效率更高，并且能降低运动损伤发生的概率。

■ 无稳定平面作为支撑

功能性训练不排斥各种训练器材的使用，但也不拘泥于此，它更多强调的是人体在没有稳定平面支撑的情况下进行的练习，在动态动作中保持身体平衡，并增强脊柱的稳定性和人体的平衡能力。动态性的训练还可以增强人的本体感觉，提升神经系统对肌肉的控制能力，从而优化运动表现。

训练理念特点

■ 以基本动作模式为基础，有效提升运动表现

强调正确动作在运动中的重要性，强调对基本动作模式的训练。基本动作模式的训练能在本质上改善主动肌、拮抗肌、协同肌之间的相互协作关系，提升肌肉的工作效率，从基础上提升运动表现。

■ 强调身体的对称性，更好地强化身体弱链

功能性训练可以筛查并发现人体动力链中较薄弱的环节。这些薄弱环节的存在会使身体功能出现不对称、不平衡的情况，影响运动员的竞技表现，并容易造成运动损伤。功能性训练能够有效整合机体内的系统功能，激活并强化人体的深层肌肉和薄弱肌肉，协调大小肌群、深层和浅层的肌肉共同参与运动，使人体能够均衡地发展。

■ 改善关节功能性

传统意义上，我们会认为一个关节越稳定，其灵活性就越差；反之，当我们试图提高关节的灵活性时，稳定性则会受影响。关节是骨骼之间的连接，作为人体活动的枢纽和缓冲器，它在人体运动中能够有效地传递力，但也正是由于这些重要功能，关节成了非常容易出现运动损伤的部位。关节面的磨损、关节周围韧带的拉伤和扭伤、关节周围肌肉的拉伤，在运动中发生的概率很高。因此，针对关节的训练，既要有稳定性训练，使需要稳定的关节周围的肌肉更有力，从而保障关节的稳定性；又要有灵活性训练，使需要灵活起来的关节在关节的可活动范围内尽量扩大动作范围。

■ 增强支柱力量，强调动力链的能

量传输效果

支柱是人体的核心，连接人体的上下肢，因此支柱力量训练是功能性训练的重要组成部分。支柱力量对提升人体的平衡性、协调性以及对身体的控制能力，都有极其重要的作用。核心越稳定，其动力链的能量传输效率越高。因此，在进行上下肢力量训练或移动训练之前进行支柱力量训练会起到事半功倍的效果。

■ 强调构建正确的动作模式，使动作更加经济、有效

功能性训练强调的是动作的正确性，而不是肌肉有多强大。强大的力量在错误的动作模式下未必能够发挥最佳的效果，因此构建正确的动作模式是功能性训练的主要目的。接受正确的动作模式训练后，运动员的动作可以做得更加精确，其动作的经济性也能得到提高，可以用更少的力发挥出更好的效果。

■ 强调运动员的运动损伤预防和可持续发展的能力

随着竞技体育的不断发展，运动损伤的预防越来越受到人们的重视。作为功能性训练的组成部分，功能性动作筛查能够对人体存在的功能障碍进行有效的识别，并通过纠正性练习对错误的动作模式进行干预，弥补身体的不对称性，降低运动损伤的发生风险，这可以在一定程度上延长运动员的运动寿命，提高其可持续发展的能力。

1.3 训练的功能性和有效性的简易判别

如何判断一名运动员的功能性训练是否具备功能性，是否是有效的训练，这是运动员和教练都想了解的。下面推荐几种简易的判别方法。

生物力学特征是否与专项运动相符

通常进行功能性训练时，如果训练动作贴近专项运动的动作，那么这项练习就是具备专项特征的功能性训练。事实上，这种类型的练习也是专项练习中不可缺少的功能性训练。除此之外，还有很多训练动作并不贴近专项动作，但由于这类动作在生物力学特征上与专项运动的动作相符，所以它们同样适用于专项训练。比如瑞士球的单腿臀桥军步动作，或 BOSU 球的单腿臀桥军步动作，虽然这两种练习所采用的卧姿状态与跑步的垂直状态不同，但它们在生物力学特征上与跑步相似，可以针对跑步专项进行功能性训练。

是否是无痛训练

伤病带来疼痛是运动员的常见体验之一，克服疼痛也是运动员经常需要面对的。功能性训练强调优化动作模式，确保训练时动作的正确性。如果在训练过程中出现了疼痛，则表明肌肉可能存在紧张或薄弱的情况，或者关节没有在

正确的力线上运动，甚至关节出现了骨性的改变，那么正在进行的功能性训练可能就是无效的，运动员无法取得最佳的运动表现。因此，可以通过减小关节活动范围等手段使运动员在无痛的情况下训练，循序渐进地消除其功能障碍，让这类的功能性训练行之有效。

是否有良好的控制能力

良好的控制能力是功能性训练的主要特点之一，运动员如果想判断自己的功能性训练在一定时期内是否有效，可观察自身神经系统对肌肉的控制能力是否得到提升。经过正确且有效锻炼的运动员，其动作会更加协调流畅，身体平衡能力和稳定性会显著增强，产生的力会变得更大，身体做功效率也会明显得到提升。动作效率与精准性的提高，可以减小关节的负荷，减少关节的磨损，对运动损伤的预防有积极意义。

训练是否稳中有进

这里的"稳"，不仅指训练中是否能够控制身体保持稳定，更重要的是功能性训练的整体质量是否能够长期保持

高效；所谓的"进"，也不能单纯地以推起更大重量、跑得更快或者在相同动作相同强度下推起的次数更多来衡量训练的进步情况。虽然，这些都是训练进步的表现，但对于功能性训练来说，动作模式的精确性提高以及功能性动作的难度与复杂性提高才是重中之重，例如一名运动员能够在旋转90度的交换跳中保持单腿落地的稳定，当动作升级为更高难度的180度的交换跳时，经过一段时间的训练，其在落地时也能保持身体稳定，则表明其身体的控制能力变得更强了，这种能力的提升更加容易转化到其竞技表现中。

为什么要强调"稳定"地进步，这是由功能性训练的目的决定的。功能性训练强调的是人体最基本的功能，它的每个进步都需要扎实的训练基础。如果训练太过激进，运动员在刚刚掌握基本动作，甚至动作准确度不达标的情况下，就想进入下一阶段的训练，没有一个循序渐进的过程，这对整个训练进程不但起不到促进作用，反而会在实际训练中拖慢进程。因为身体的基本动作模式没有得到巩固，运动表现也就不能得到相应的提升。

第 2 章
躯干支柱力量训练基础

2.1 躯干支柱力量训练简述

在过去的很长一段时间内，人们将竞技体育中的力量训练集中在四肢上，忽视甚至完全放弃了身体躯干部位的训练。因为几乎所有的运动项目都是通过四肢末端将力施加在外部物体上，然后使身体或物体发生运动的。由于认知受限，当时人们对训练的考虑也不周全。但是随着科学研究的不断深入，现在我们已经认识到，人体大多数运动都是多关节和多肌群参与的全身性综合运动。因此，将身体各部位整合并形成符合专项力学要求的运动链来为四肢末端的发力创造理想条件几乎成为所有运动项目的训练目标。身体躯干是连接上肢与下肢的重要身体部位，其在一些运动项目中，虽然不像四肢肌肉那样直接参与运动，但也要为技术动作的完成提供良好的身体支撑。

在 20 世纪末，一些学者逐渐意识到身体躯干部位肌肉的重要作用，并对其展开了深入研究，先后提出核心稳定性和核心力量等重要概念。从传统意义上讲，人体的核心是由脊柱、髋关节和骨盆组成的，它们正好处于上肢与下肢的结合处，具有承上启下的枢纽作用。并且随着研究不断深入，人们逐步将核心力量和核心稳定性训练应用到竞技体育训练中。

科学研究是一个不断探索、逐步深化的过程，在这个过程中新的认知会产生，以更加科学地指导实践，而核心力量的研究正处于这样的过程中。不可否认，曾风靡一时的核心力量也正面临着另一个概念的挑战，那就是本书所介绍的躯干支柱力量。这一概念的提出伴随着世界职业体育发展的逐渐深化。人们逐渐认识到，在体育运动中，肩关节和髋关节是人体能量传递的枢纽站，其决定着能量最终的输出方向，而脊柱则是能量传递过程中的高速通道，决定着能量是否能够高效地在上肢与下肢之间进行传递。如果任何一个环节出现问题，都会导致机体能量的泄漏，进而影响运动表现。基于 3 个部位在人体运动中所发挥的重要作用，躯干支柱力量可以界定为人体肩关节、脊柱和髋关节部位的肌肉，为保持身体姿势、提供近端固定和传递上肢与下肢能量而产生力量的能力。

2.2 躯干支柱的运动解剖学

躯干支柱部位包括组成肩关节、脊柱和髋关节的相应的骨骼及周围的韧带、肌肉和结缔组织等。这些部位的肌肉可分为浅层肌肉和深层肌肉，浅层肌肉主要参与躯干和肢体的大幅度运动，深层肌肉主要用于保持身体姿势和调控精细动作。肩关节、脊柱和髋关节是人体重要的构成部分，也是人体骨骼结构中主要的薄弱环节，因此我们在不同类型的运动中，都需要考虑其稳定性的问题。

通常我们将脊柱的稳定机制分为局部稳定系统和整体稳定系统，在脊柱稳定的基础上再由动作系统产生动态动作。那么同样，肩关节和髋关节也是如此。对于附着和跨过这几个部位的肌肉，我们从局部稳定系统和整体稳定系统出发，对各块肌肉的起止点、独立功能、整体功能和神经支配等方面进行分类介绍。

是 I 型肌纤维，具有高密度的肌梭，它们主要负责维持椎间和节段间的稳定性，作用是防止脊柱节段之间产生过大的压力、剪切力和旋转力。由于肌梭密度高，这些肌肉也有助于本体感觉和姿势控制，同时可以增加腹内压，并产生胸腰筋膜的张力，从而增加脊柱刚度，实现更好的节段间神经肌肉控制，这些都有助于提高节段间的脊柱稳定性。

局部稳定系统

局部稳定系统的肌肉主要以直接附着在椎骨上的形式存在，这些肌肉通常

腹横肌	
起点	第 7~12 肋骨，髂嵴前三分之二处和胸腰筋膜
止点	白线和对侧腹直肌鞘
独立功能	向心收缩：增加腹内压，保护腹部内脏
整体功能	等长收缩：与腹内斜肌、多裂肌和深层竖脊肌协同作用来稳定腰椎－骨盆－髋关节复合体
神经支配	肋间神经（T7~T12）、髂腹下神经（L1）、髂腹股沟神经（L1）

腹内斜肌	
起点	髂嵴前三分之二处和胸腰筋膜
止点	第 10~12 肋骨，腹白线，对侧腹直肌鞘
独立功能	向心收缩：脊柱屈曲、侧屈和同侧旋转
整体功能	离心收缩：脊柱伸展、侧屈和旋转 等长收缩：稳定腰椎－骨盆－髋关节复合体
神经支配	肋间神经（T8~T12）、髂腹下神经（L1）、髂腹股沟神经（L1）

膈肌	
起点	肋部：第 6~12 肋骨内侧软骨表面及其相邻的骨质区域； 胸骨部：剑突的后侧； 腰部：覆盖了腰方肌和腰大肌外层表面的两个腱膜拱以及起于 L1~L3 椎体的左右膈脚
止点	中心腱
独立功能	向心收缩：膈穹隆顶下降，胸腔容积增大
整体功能	等长收缩：稳定腰椎－骨盆－髋关节复合体
神经支配	膈神经（C3~C5）

多裂肌	
起点	骶骨的后面，腰椎、胸椎和第 4~7 颈椎的骨性突起
止点	起点上方 1~4 个节段的棘突处
独立功能	向心收缩：脊柱伸展和对侧旋转
整体功能	离心收缩：脊柱的屈曲和旋转； 等长收缩：稳定脊柱
神经支配	相应的脊神经

整体稳定系统

整体稳定系统的肌肉是指那些附着于骨盆、肩关节、脊柱的肌肉，这些肌肉的作用是在上肢和下肢之间传递负荷，并在肩关节和脊柱、髋关节和脊柱之间提供稳定性。这些肌肉在功能性训练中提供核心的稳定性和离心控制。

腰方肌	
起点	骨盆的髂嵴后部
止点	第 12 肋骨和第 1~4 腰椎的横突
独立功能	向心收缩：脊柱侧屈
整体功能	离心收缩：减缓脊柱向对侧屈曲； 等长收缩：稳定腰椎 – 骨盆 – 髋关节复合体
神经支配	脊神经（T12~L3）

腰大肌	
起点	第 12 胸椎、第 1~5 腰椎椎骨体的外侧和横突
止点	股骨小转子
独立功能	向心收缩：加速髋关节屈曲和外旋，伸展和旋转腰椎
整体功能	离心收缩：减缓髋关节伸展和内旋； 等长收缩：稳定腰椎－骨盆－髋关节复合体
神经支配	脊神经（L2~L4）分支

腹外斜肌	
起点	第 5~12 肋骨外表面
止点	髂嵴前部、白线和对侧腹直肌鞘
独立功能	向心收缩：脊柱屈曲、侧屈和对侧旋转
整体功能	离心收缩：脊柱伸展、侧屈和旋转； 等长收缩：稳定腰椎－骨盆－髋关节复合体
神经支配	肋间神经（T8~T12）、髂腹下神经（L1）、髂腹股沟神经（L1）

腹直肌	
起点	耻骨联合和耻骨结节
止点	胸骨剑突和第 5~7 肋骨的前侧
独立功能	向心收缩：脊柱屈曲、侧屈
整体功能	离心收缩：脊柱伸展、侧屈； 等长收缩：稳定腰椎－骨盆－髋关节复合体
神经支配	肋间神经（T7~T12）

臀中肌（前部）	
起点	髂骨翼外面
止点	股骨大转子
独立功能	向心收缩：加速髋关节外展和内旋
整体功能	离心收缩：减缓髋关节内收； 等长收缩：稳定腰椎－骨盆－髋关节复合体
神经支配	臀上神经

臀中肌（后部）	
起点	髂骨翼外面
止点	股骨大转子
独立功能	向心收缩：加速髋关节外展和外旋
整体功能	离心收缩：减缓髋关节内收； 等长收缩：稳定腰椎 – 骨盆 – 髋关节复合体
神经支配	臀上神经

大收肌（上束）	
起点	骨盆的坐骨支
止点	股骨粗线
独立功能	向心收缩：加速髋关节内收、屈曲和内旋
整体功能	离心收缩：减缓髋关节外展、伸展和外旋； 等长收缩：稳定腰椎 – 骨盆 – 髋关节复合体
神经支配	闭孔神经

大收肌（下束）	
起点	坐骨结节
止点	股骨内上髁
独立功能	向心收缩：加速髋关节内收、伸展和外旋
整体功能	离心收缩：减缓髋关节外展、屈曲和内旋； 等长收缩：稳定腰椎－骨盆－髋关节复合体
神经支配	坐骨神经

长收肌	
起点	耻骨结节附近
止点	股骨粗线内侧唇中部
独立功能	向心收缩：加速髋关节内收、屈曲和内旋
整体功能	离心收缩：减缓髋关节外展、伸展和外旋； 等长收缩：稳定腰椎－骨盆－髋关节复合体
神经支配	闭孔神经

短收肌	
起点	耻骨结节附近
止点	股骨粗线内侧唇中部
独立功能	向心收缩：加速髋关节内收、屈曲和内旋
整体功能	离心收缩：减缓髋关节外展、伸展和外旋； 等长收缩：稳定腰椎－骨盆－髋关节复合体
神经支配	闭孔神经

股薄肌	
起点	耻骨下支
止点	胫骨粗隆内侧
独立功能	向心收缩：加速髋关节内收、屈曲和内旋，并辅助胫骨内旋
整体功能	离心收缩：减缓髋关节外展、伸展和外旋； 等长收缩：稳定腰椎－骨盆－髋关节复合体和膝关节
神经支配	闭孔神经

耻骨肌	
起点	耻骨上支
止点	股骨粗线内侧唇上部
独立功能	向心收缩：加速髋关节内收、屈曲和内旋
整体功能	离心收缩：减缓髋关节外展、伸展和外旋； 等长收缩：稳定腰椎－骨盆－髋关节复合体
神经支配	闭孔神经

菱形肌	
起点	第 6、7 颈椎和第 1~4 胸椎棘突
止点	肩胛骨内侧缘下半部
独立功能	向心收缩：肩胛骨后缩和下回旋
整体功能	离心收缩：肩胛骨前伸和上回旋； 等长收缩：稳定肩胛骨
神经支配	肩胛背神经（C4~C5）

前锯肌

起点	第 1~9 肋骨的外侧面
止点	肩胛骨内侧缘和下角的前面
独立功能	向心收缩：肩胛骨前伸
整体功能	离心收缩：肩胛骨后缩； 等长收缩：稳定肩胛骨
神经支配	胸长神经（C5~C7）

斜方肌（中束）

起点	第 1~5 胸椎棘突
止点	肩胛骨的肩峰，肩胛冈上方
独立功能	向心收缩：肩胛骨后缩
整体功能	离心收缩：肩胛骨前伸和上提； 等长收缩：稳定肩胛骨
神经支配	颅神经 XI，腹神经（C2~C4）

斜方肌（下束）	
起点	第 6~12 胸椎棘突
止点	肩胛冈
独立功能	向心收缩：肩胛骨下降
整体功能	离心收缩：肩胛骨上提； 等长收缩：稳定肩胛骨
神经支配	颅神经 XI，腹神经（C2~C4）

2.3 躯干支柱力量训练的益处

构建正确的身体姿势

良好的身体姿势可以使身体各组织器官处于一个相对稳定的状态，一旦身体姿势出现异常，就可能导致组织器官的功能出现紊乱，引起身体健康问题。正确的身体姿势主要取决于人体是否能使肩关节、脊柱和髋关节3个部位在解剖和生理功能上实现和谐统一，以保持各组织器官的稳定。上交叉综合征和下交叉综合征是造成身体姿势异常的两大主要问题。由于肱骨头在肩关节盂中位置发生变化，上交叉综合征会导致肩关节退化，甚至可能引起呼吸障碍；而下交叉综合征会导致骨盆位置异常和腰椎屈曲度发生变化。这些都会导致人体肌肉长度和张力关系发生改变，若长期失衡会导致运动模式的不协调或低效率。一份合理的躯干支柱力量训练计划有助于保持人体最佳的肌肉纤维分布，为肢体肌肉收缩创造良好的发力条件。

提高上肢与下肢能量的传递效率

人体运动中表现出的速度、力量和耐力，本质是身体在一定空间、时间内做功的多少和功率的大小，而这种表现与能量的产生密切相关，同时能量传递也是重要的影响因素。根据筋膜链理论，人体大概有12条筋膜链，这些筋膜链形成一种网络结构。人体通过某一区域的筋膜网状结构及其包裹的骨性结构将能量从一个环节快速地传递到另一个环节，完成身体运动的能量传递过程。而人体的每一条筋膜链都经过了躯干支柱区域，因此良好的躯干支柱力量是提高能量传递效率的基础。

有效预防运动损伤的发生

有很多研究表明，慢性下腰背疼痛患者的腹横肌、腹内斜肌和多裂肌发力较少，且背伸肌群力量较弱，肌肉耐力不足；骶髂关节疼痛的患者的腹内斜肌、多裂肌和支撑腿的臀大肌发力会延迟；而髋外展肌和髋外旋肌力量缺失也是导致膝关节疼痛的重要原因。不仅如此，这两处肌肉力量薄弱也会导致距下关节过度旋前，增加胫骨和股骨内旋幅度，从而进一步影响腰椎 – 骨盆 – 髋关节的神经肌肉控制。很多情况下肩关节疼痛与肩胛骨周边肌肉失稳也有密切的关系，我们常见的翼状肩胛可能就是前锯肌和菱形肌无力或激活不足导致的。由此可见，肩关节、脊柱和髋关节部位的疼痛可能与神经肌肉控制被改变、节段间稳定性和整体稳定性下降有关。长期实施正确躯干支柱力量训练计划可能比徒手治疗、传统拉伸放松更为有效，它不仅可以缓解疼痛，并且具有很好地预防损伤的效果，从而改善运动功能和提高运动表现。

2.4 躯干支柱力量训练的应用原则

训练部位：优先激活深层肌肉，而后发展浅层肌肉力量

深层肌肉多由慢肌纤维组成，适合采用低负荷强度和慢动作频率的训练方式来强化其保持关节稳定性的能力；浅层肌肉多由快肌纤维组成，适合采用向心和离心收缩的训练方式来强化其参与身体大幅度运动和高负荷运动的能力。同样的动作，因为负荷强度和动作节奏不同，往往会产生不同的训练效果。因此，我们会在力量训练前采用一些徒手练习来激活深层肌肉，进而为后续更高负荷的训练做准备。如果缺失这类环节，直接借助外在负荷进入训练，神经激活便会动员深层肌肉参与运动，当负荷超过深层肌肉所能承受的范围时，就容易造成运动损伤。

运动方向：优先进行一维性动作，而后进行多维性动作

人体的基本解剖面可以分为矢状面、额状面和水平面。在体育运动中，人体仅在一个平面内完成的动作被称为一维性动作，在两个或两个以上平面内完成的动作被称为多维性动作。多维性动作涉及多个平面，因此相比于一维性动作而言，涉及的肌肉会更多，神经参与程度也会更高。很多多维性动作都是由一维性动作构建而成的，而且有可能更加贴近于专项动作，所以从一维性动作过渡到多维性动作进行训练可以产生很好的整合与进阶训练效果。

外部训练环节：优先进行稳定练习，而后进行非稳定练习

通常大多数运动项目或者动作都需要在非稳定的条件下完成，所以借助各种不稳定器材进行训练会增强人体的本体感受和动态稳定性，最终挑战的是身体稳定机制。在完全稳定的环境中，我们可以使一些稳定肌预先低强度地激活，这对损伤康复尤为重要。因为非稳定平面会使动作更加复杂，完成动作的难度也会更大，需要募集更多的肌纤维参与运动，反射性地增加肌纤维的收缩力量，并提高肌肉间的协同工作效率。

用力方式：优先进行静力性动作，而后进行动态性动作

静力性动作有助于帮助人体建立正确的身体姿势和动作模式。人体能够正确掌握静力性动作后，再通过动态性动作训练来强化躯干支柱部位肌肉在运动过程中对身体姿势的控制能力，因为动态性动作更多的是真实运动场景中躯干支柱部位的真实工作方式。

第 3 章
肩部支柱力量训练

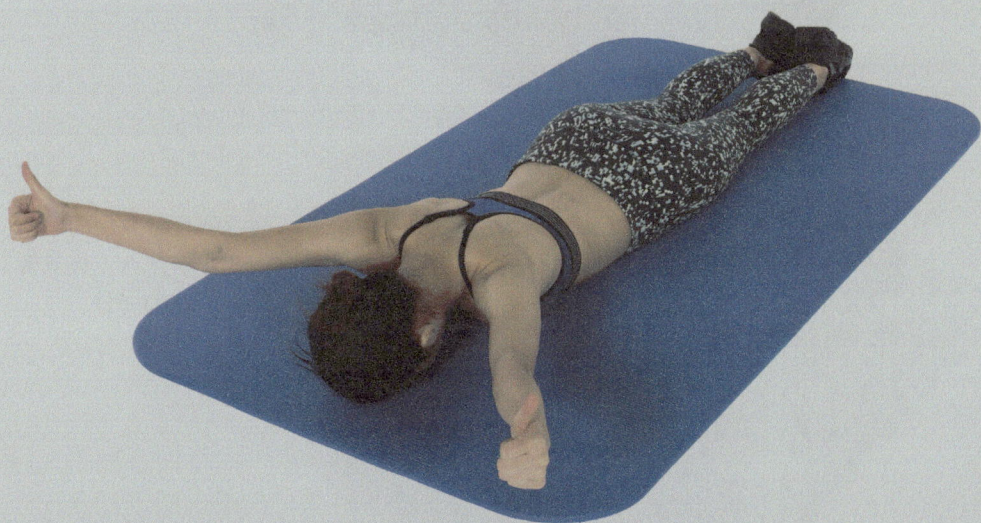

3.1 俯卧姿

俯卧-Y字

扫描二维码
看动作视频

难度等级	初级
辅助器械	瑜伽垫
目标肌肉	斜方肌、菱形肌、三角肌后束、小圆肌、冈上肌、冈下肌、肩胛下肌

要点提示

◆ 核心收紧，不要耸肩。

◆ 运动过程中，头部保持中立位。

◆ 双臂伸直外展，举过头顶平放于垫面上，与躯干形成"Y"字。

1 俯卧，双臂伸直外展并举过头顶，与躯干组成"Y"字，双手握拳，拇指朝上。

2 两侧肩胛骨向内、向下收缩，上背部发力，将双臂抬起，并保持3~5秒。

肌肉图解析

肌肉解剖图注释（余后不再标注）
目标肌肉：用黑色字体标注
辅助肌肉：用灰色字体标注
深层肌肉：用"*"号标注

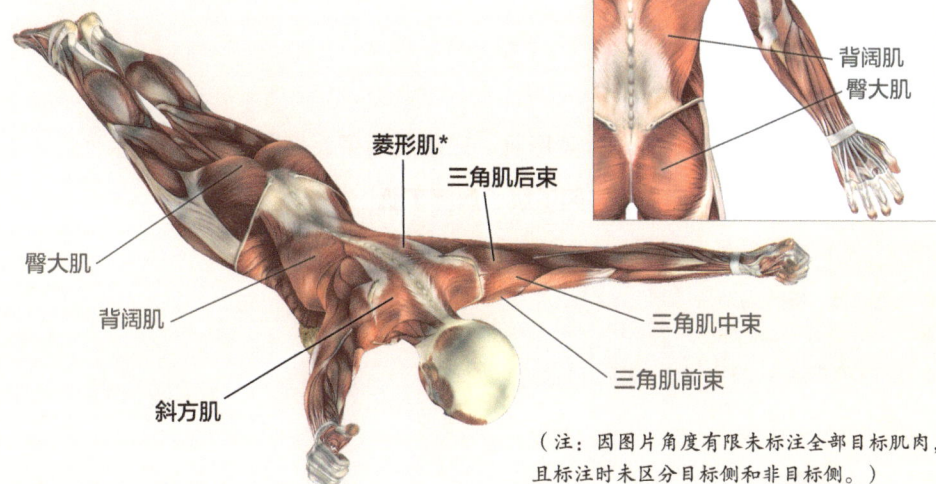

冈上肌*
三角肌后束
冈下肌
菱形肌*
小圆肌

背阔肌
臀大肌

菱形肌*
三角肌后束

臀大肌
背阔肌

斜方肌

三角肌中束

三角肌前束

（注：因图片角度有限未标注全部目标肌肉，且标注时未区分目标侧和非目标侧。）

⚠ **注意事项**

肩部有问题、腰背部疼痛时，谨慎练习。

❸ 停留一下，回到起始位置，
　完成规定次数。

![图标] **动作变式**

俯卧-T字

扫描二维码
看动作视频

难度等级	初级
辅助器械	瑜伽垫
目标肌肉	斜方肌、菱形肌、三角肌后束、小圆肌、冈上肌、冈下肌、肩胛下肌

要点提示

◆ 核心收紧，不要耸肩。

◆ 运动过程中，头部保持中立位。

◆ 双臂伸直外展平放于垫面上，与躯干约呈90度，形成"T"字。

❶ 俯卧，双臂伸直外展，与躯干约呈90度，形成"T"字，双手握拳，拇指朝上。

❷ 两侧肩胛骨向内、向下收缩，上背部发力，将双臂抬起，保持3~5秒。回到起始位置，完成规定次数。

动作变式

俯卧-W字

扫描二维码
看动作视频

难度等级	初级
辅助器械	瑜伽垫
目标肌肉	斜方肌、菱形肌、三角肌后束、小圆肌、冈上肌、冈下肌、肩胛下肌

要点提示

◆ 核心收紧，不要耸肩。

◆ 运动过程中，头部保持中立位。

◆ 双臂屈肘外展，平放于垫面上，与躯干形成"W"字。

❶ 俯卧，双臂屈肘外展，与躯干形成"W"字，双手握拳，拇指朝上。

❷ 两侧肩胛骨向内、向下收缩，上背部发力，将双臂抬起，保持3~5秒。回到起始位置，完成规定次数。

瑞士球-俯卧-Y字

扫描二维码
看动作视频

难度等级	中级
辅助器械	瑞士球
目标肌肉	斜方肌、菱形肌、三角肌后束、小圆肌、冈上肌、冈下肌、肩胛下肌、竖脊肌

要点提示

◆ 核心收紧，保持背部平直。
◆ 运动过程中，不要耸肩。
◆ 运动过程中，保持身体稳定。

❶ 俯卧于瑞士球上，保持背部平直，腹部和大腿上部贴球。双臂伸直放于瑞士球前方两侧，双脚分开支撑于地面。

❷ 两侧肩胛骨向内、向下收紧，双手握拳，拇指朝上，上背部发力，将双臂抬起，直至双臂与躯干形成"Y"字。

肌肉图解析

冈上肌*
三角肌后束
冈下肌
小圆肌
斜方肌

菱形肌*
竖脊肌*

斜方肌

肱三头肌

菱形肌*

背阔肌

腹外斜肌

腹内斜肌*

臀大肌

（注：因图片角度有限未标注全部目标肌肉。）

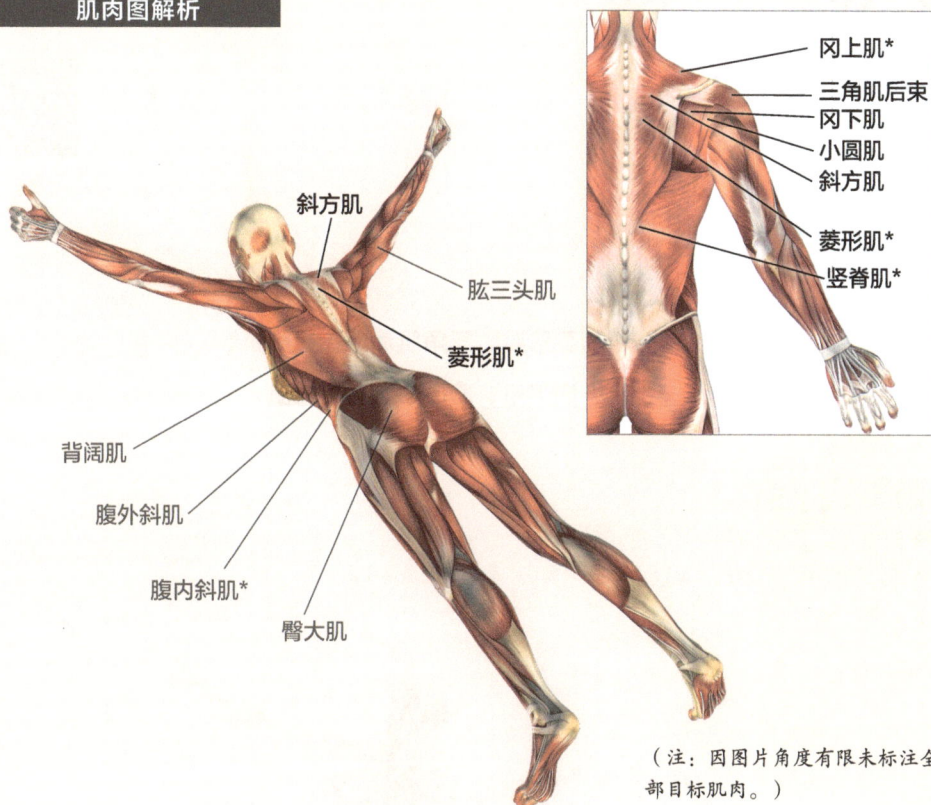

3 停留一下，回到起始位置，完成规定次数。

注意事项

肩部有问题、核心肌群力量薄弱、腰背部疼痛时，谨慎练习。

 动作变式

瑞士球-俯卧-T字

扫描二维码
看动作视频

难度等级	中级
辅助器械	瑞士球
目标肌肉	斜方肌、菱形肌、三角肌后束、小圆肌、冈上肌、冈下肌、肩胛下肌、竖脊肌

要点提示

◆ 核心收紧，保持背部平直。
◆ 运动过程中，不要耸肩。
◆ 运动过程中，保持身体稳定。

❶ 俯卧于瑞士球上，保持背部平直，腹部和大腿上部贴球。双臂伸直放于瑞士球前方两侧，双脚分开支撑于地面。

❷ 两侧肩胛骨向内、向下收紧，双手握拳，拇指朝上，上背部发力，将双臂直臂抬起，直至双臂与躯干形成"T"字。回到起始位置，完成规定次数。

动作变式

瑞士球-俯卧-W字

扫描二维码
看动作视频

难度等级	**中级**
辅助器械	**瑞士球**
目标肌肉	**斜方肌、菱形肌、三角肌后束、小圆肌、**
	冈上肌、冈下肌、肩胛下肌、竖脊肌

要点提示

◆ 核心收紧，保持背部平直。
◆ 运动过程中，不要耸肩。
◆ 身体呈一条直线。

❶ 俯卧于瑞士球上，保持背部平直，腹部和大腿上部贴球。双臂伸直放于瑞士球前方两侧，双脚分开支撑于地面。

❷ 两侧肩胛骨向内、向下收紧，双手握拳，拇指朝上，上背部发力，将双臂屈肘抬起，直至双臂与躯干成"W"字。回到起始位置，完成规定次数。

3.2 跪撑姿

跪撑-肩胛骨俯卧撑-四点

扫描二维码
看动作视频

难度等级	初级
辅助器械	瑜伽垫
目标肌肉	斜方肌、菱形肌、前锯肌、三角肌后束、小圆肌、大圆肌、冈上肌、冈下肌、肩胛下肌

要点提示

◆ 核心收紧，不要耸肩。
◆ 运动过程中，保持手臂伸直。

❶ 俯身跪姿，双臂伸直支撑于肩部正下方，膝关节位于骨盆下方，背部平直，核心收紧。

❷ 两侧肩胛骨朝脊柱方向收紧后向外展开。

肌肉图解析

肱三头肌
背阔肌
前锯肌
三角肌中束
胸大肌
腹横肌*
腹直肌

冈上肌*
三角肌后束
冈下肌
小圆肌
斜方肌
菱形肌*
大圆肌
背阔肌

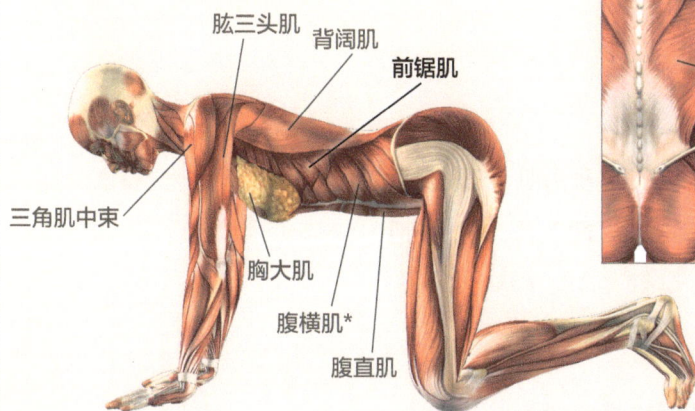

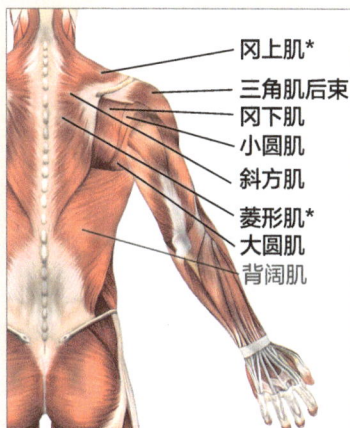

（注：因图片角度有限未标注全部目标肌肉。）

⚠️ 注意事项

肩部有问题、腰背部疼痛时，谨慎练习。

３ 回到起始位置，完成规定次数。

🧍 动作变式

跪姿－肩胛骨俯卧撑－三点

俯身跪姿，单臂伸直支撑于肩部正下方，另一侧手臂置于下腰背部，支撑臂一侧肩胛骨朝脊柱方向收紧后向外展开。

3.3 站姿

站姿–Y字

扫描二维码
看动作视频

难度等级	初级
辅助器械	无
目标肌肉	斜方肌、菱形肌、三角肌后束、小圆肌、冈上肌、冈下肌、肩胛下肌

要点提示

◆ 核心收紧，不要耸肩。

◆ 运动过程中，保持背部平直。

◆ 运动过程中，始终保持膝关节与脚尖一致朝前。

❶ 双脚分开站立，躯干前倾至与地面约呈45度，保持背部平直，双臂垂于身体下方，双手握拳，拇指朝前。

❷ 两侧肩胛骨向内、向下收紧，上背部发力，将双臂直臂抬起，直至双臂与躯干形成"Y"字。

肌肉图解析

肱二头肌

三角肌前束

斜方肌

胸大肌

腹横肌*

腹直肌

背阔肌

腹内斜肌*

腹外斜肌

冈上肌*

三角肌后束

冈下肌

小圆肌

斜方肌

菱形肌*

背阔肌

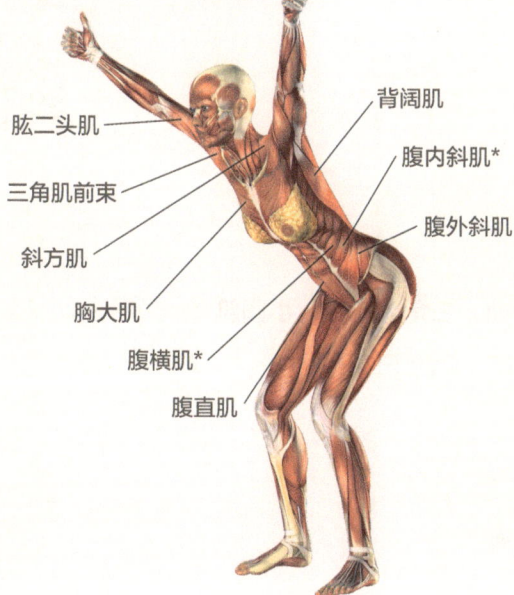

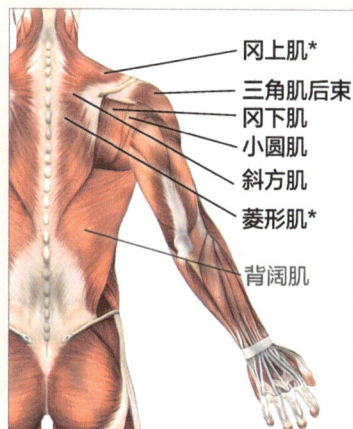

（注：因图片角度有限未标注全部目标肌肉。）

3 停留一下，回到起始位置，完成规定次数。

⚠ 注意事项

肩部有问题、腰背部疼痛时，谨慎练习。

 动作变式

站姿-T字

扫描二维码
看动作视频

难度等级	初级
辅助器械	无
目标肌肉	斜方肌、菱形肌、三角肌后束、小圆肌、冈上肌、冈下肌、肩胛下肌

要点提示

◆ 核心收紧，不要耸肩。

◆ 运动过程中，保持背部平直。

◆ 运动过程中，始终保持膝关节与脚尖一致朝前。

❶ 双脚分开站立，躯干前倾至与地面约呈45度，保持背部平直，双臂垂于身体下方，双手握拳，拇指朝前。

❷ 两侧肩胛骨向内、向下收紧，上背部发力，将双臂抬起，直至双臂与躯干形成"T"字。回到起始位置，完成规定次数。

动作变式

站姿-W字

扫描二维码
看动作视频

难度等级	初级
辅助器械	无
目标肌肉	斜方肌、菱形肌、三角肌、小圆肌、冈上肌、冈下肌、肩胛下肌

要点提示

◆ 核心收紧，不要耸肩。

◆ 运动过程中，保持背部平直。

◆ 运动过程中，始终保持膝关节与脚尖一致朝前。

❶ 双脚分开站立，躯干前倾至与地面约呈45度，保持背部平直，双臂屈肘，双手握拳，拇指朝上。

❷ 两侧肩胛骨向内、向下收紧，上背部发力，将双臂屈肘抬起，直至双臂与躯干形成"W"字。回到起始位置，完成规定次数。

弹力带-站姿-Y字激活

扫描二维码
看动作视频

难度等级	**初级**
辅助器械	**弹力带**
目标肌肉	**斜方肌、菱形肌、三角肌后束**

要点提示

◆ 核心收紧，不要耸肩。

◆ 运动过程中，保持背部平直。

❶ 双脚分开站立，双手分别紧握弹力带一端，双臂向前伸展至与地面平行，保持弹力带有一定张力。

❷ 保持身体稳定的同时，上背部发力，双臂直臂上举并向身体两侧拉长弹力带，直至双臂与躯干形成"Y"字。

肌肉图解析

肱二头肌

三角肌前束

胸大肌

腹横肌*

腹直肌

腹内斜肌*

腹外斜肌

斜方肌

三角肌后束

肱三头肌

菱形肌*

背阔肌

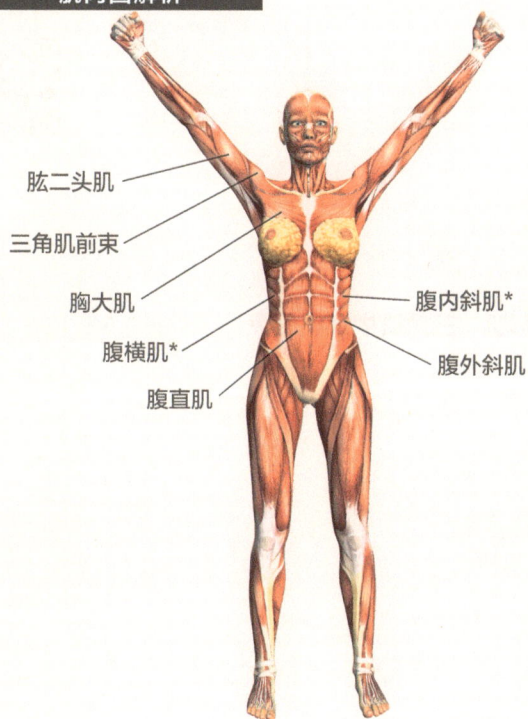

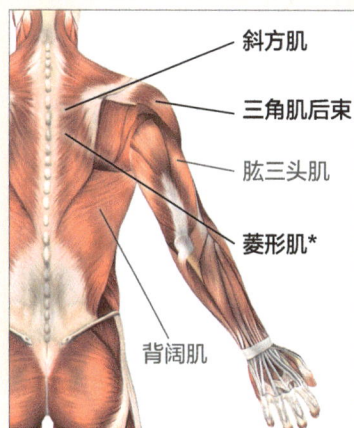

3 停留一下，回到起始位置，
完成规定次数。

⚠️ **注意事项**

肩部有问题、腰背部疼痛时，谨慎练习。

动作变式

弹力带-站姿-T字激活

扫描二维码
看动作视频

难度等级	初级
辅助器械	弹力带
目标肌肉	斜方肌、菱形肌、三角肌中束和后束

要点提示

◆ 核心收紧，不要耸肩。
◆ 运动过程中，保持背部平直。

1 双脚分开站立，双手分别紧握弹力带一端，双臂向前伸展至与地面平行，保持弹力带有一定张力。

2 保持身体稳定的同时，上背部发力，直臂向身体两侧拉长弹力带，直至双臂与躯干形成"T"字。回到起始位置，完成规定次数。

动作变式

弹力带-站姿-W字激活

扫描二维码
看动作视频

难度等级	**初级**
辅助器械	**弹力带**
目标肌肉	**斜方肌、菱形肌、三角肌后束、小圆肌、冈上肌、冈下肌、背阔肌**
要点提示	

◆ 核心收紧，不要耸肩。
◆ 运动过程中，保持背部平直。

1 双脚分开站立，双手分别紧握弹力带一端，双臂向前伸展至与地面平行，保持弹力带有一定张力。

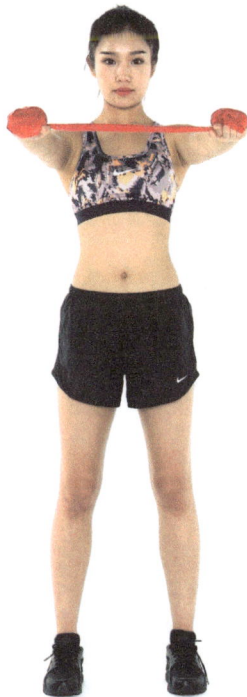

2 保持身体稳定的同时，上背部发力，使双臂屈肘向体侧拉长弹力带的同时将弹力带拉近身体，直至双臂与躯干形成"W"字。回到起始位置，完成规定次数。

弹力带–站姿–单臂肩关节外旋

扫描二维码
看动作视频

难度等级	**初级**
辅助器械	**弹力带**
目标肌肉	**冈下肌、小圆肌、三角肌**

要点提示

◆ 核心收紧，不要耸肩。

◆ 运动过程中，保持背部平直。

◆ 运动过程中，训练侧的上臂保持贴紧体侧，手部虎口保持向上。

❶ 双脚分开站立，一侧手臂向内屈曲至肘关节约呈90度并紧握弹力带一端，弹力带另一端固定在与屈臂侧手肘等高的其他物体上，另一侧手臂自然下垂，保持弹力带有一定张力。

⚠ **注意事项**

肩部有问题、腰背部疼痛时，谨慎练习。

❷ 保持身体姿势不变，前臂向外旋转，将弹力带一端拉伸至体侧，保持上臂位置不变。

肌肉图解析

三角肌前束

斜方肌

胸大肌

腹内斜肌*

肱二头肌

腹外斜肌

腹直肌

斜方肌

三角肌后束

小圆肌

冈下肌

菱形肌*

背阔肌

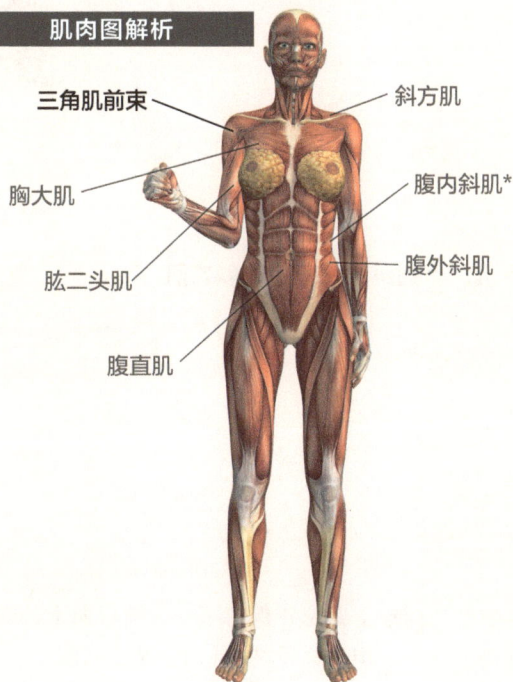

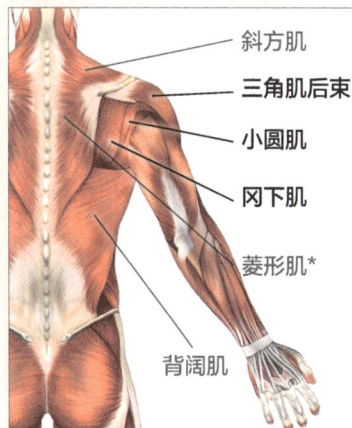

（注：因图片角度有限未标注全部目标肌肉。）

❸ 停留一下，回到起始位置，完成规定次数。换至对侧重复以上步骤。

🏋 动作变式

弹力带－站姿－单臂－肩关节内旋

一侧手臂向外屈曲至肘关节约呈90度并紧握弹力带一端，前臂向内旋转，将弹力带一端拉伸至对侧腰部。

哑铃-站姿-肩关节上旋

扫描二维码
看动作视频

难度等级	中级
辅助器械	哑铃
目标肌肉	冈上肌、冈下肌、小圆肌、三角肌、斜方肌

要点提示

◆ 核心收紧，不要耸肩。

◆ 运动过程中，保持背部平直。

❶ 双脚分开站立。双手握哑铃自然垂于身体两侧。上臂上抬至与地面平行，前臂下垂，掌心向后。

❷ 上臂位置保持不变，前臂向上、向后抬起至与地面垂直，掌心向前。

肌肉图解析

三角肌前束

肱二头肌

胸大肌

腹直肌

腹内斜肌*

腹外斜肌

斜方肌

冈上肌*

三角肌后束

小圆肌

冈下肌

背阔肌

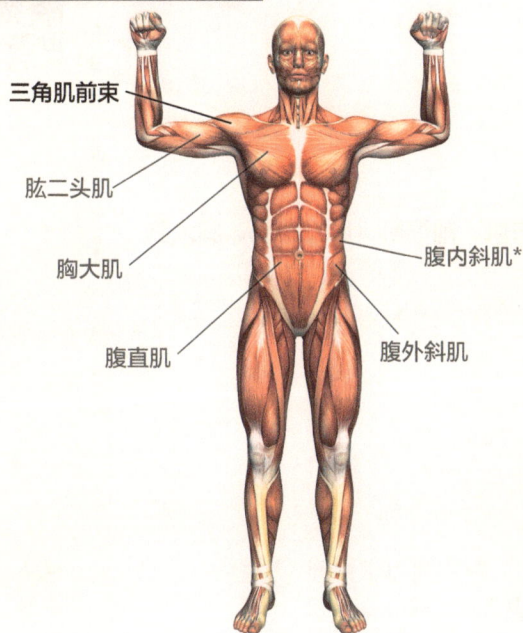

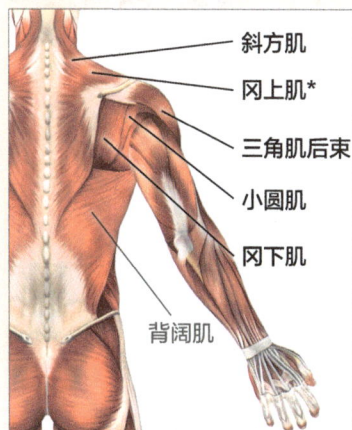

（注：因图片角度有限未标注全部目标
肌肉。）

❸ 停留一下，回到起始位置，完成规定
次数。

⚠ **注意事项**

肩部有问题、腰背部疼痛时，谨慎练习。

弹力带-站姿-双臂推举

扫描二维码
看动作视频

难度等级	初级
辅助器械	弹力带
目标肌肉	三角肌、斜方肌、前锯肌、肱三头肌、胸大肌

要点提示

◆ 核心收紧，不要耸肩。
◆ 运动过程中，保持背部平直。

❶ 双脚分开站立，踩住弹力带中间段，双手分别紧握弹力带一端，掌心向前，双臂屈肘，保持弹力带有一定张力。

❷ 保持身体姿势不变，肩部发力，双臂向上推拉弹力带至手臂伸直，弹力带始终与地面接近垂直。

肌肉图解析

肱二头肌

三角肌前束

胸大肌

腹横肌*

腹直肌

斜方肌

前锯肌

腹内斜肌*

腹外斜肌

斜方肌

三角肌后束

肱三头肌

大圆肌

菱形肌*

背阔肌

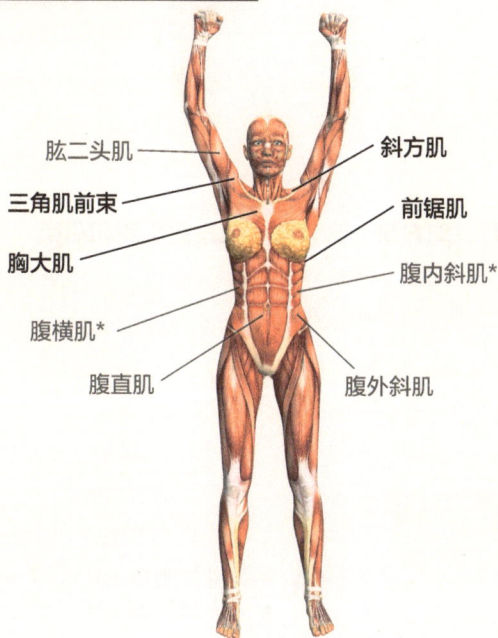

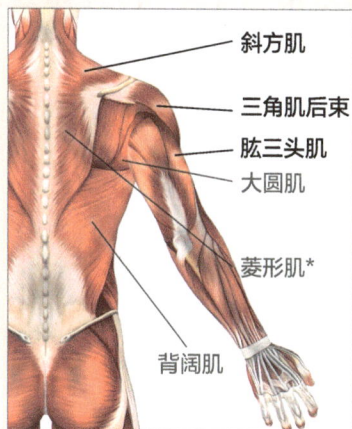

❸ 停留一下，回到起始位置，完成规
定次数。

⚠️ **注意事项**

肩部有问题、腰背部疼痛时，谨慎练习。

弹力带-站姿-肩胛骨运动

难度等级	**初级**
辅助器械	**弹力带**
目标肌肉	**菱形肌、前锯肌、斜方肌、胸大肌、三角肌前束和后束**

要点提示

◆ 核心收紧，不要耸肩。

◆ 运动过程中，保持背部发力，身体不要晃动。

1 直立，双臂向上屈曲，双手分别紧握弹力带一端，使弹力带从背部的肩胛骨处绕过，保持弹力带有一定张力。

2 保持身体姿势不变，双臂向内拉伸弹力带，上背部发力带动肩胛骨的前伸与后缩。

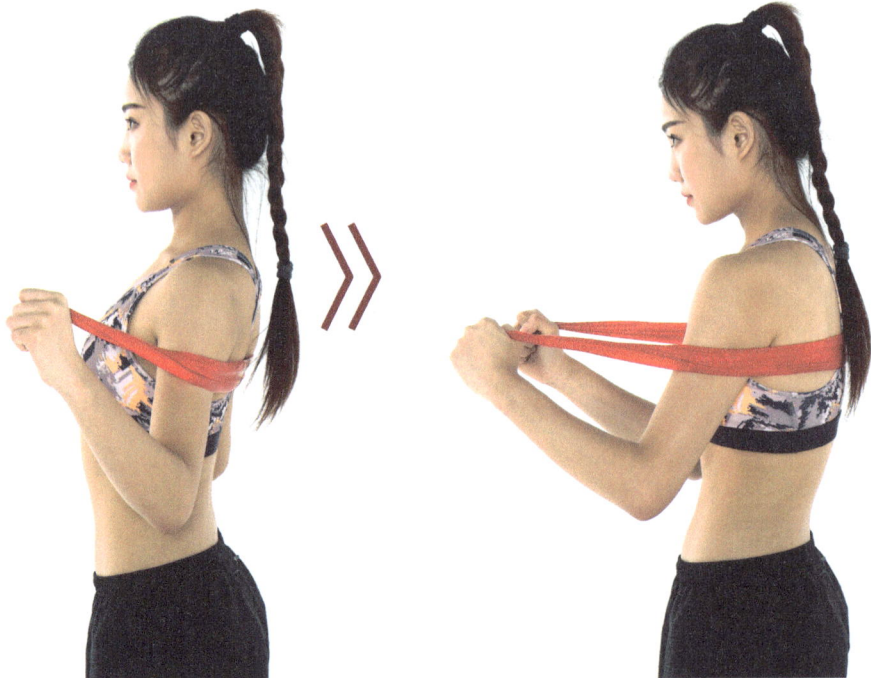

肌肉图解析

三角肌中束

背阔肌

前锯肌
腹内斜肌*

肱二头肌

腹外斜肌

腹直肌

斜方肌

三角肌后束

大圆肌
菱形肌*
背阔肌

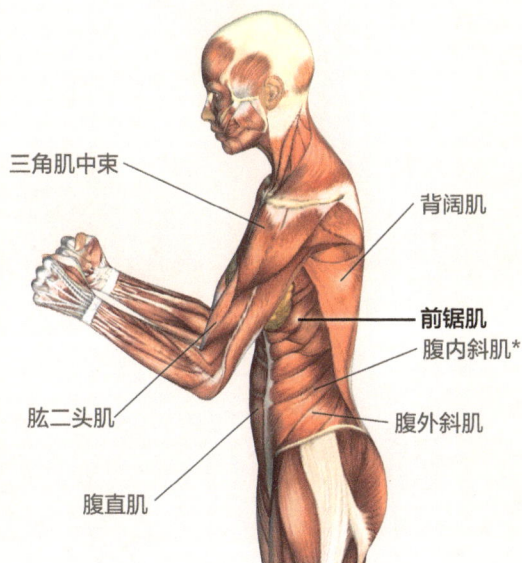

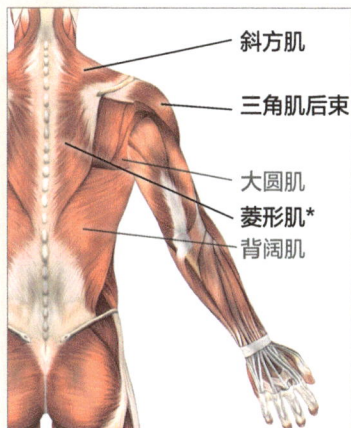

（注：因图片角度有限未标注全部目标肌肉。）

3 停留一下，回到起始位置，完成规定次数。

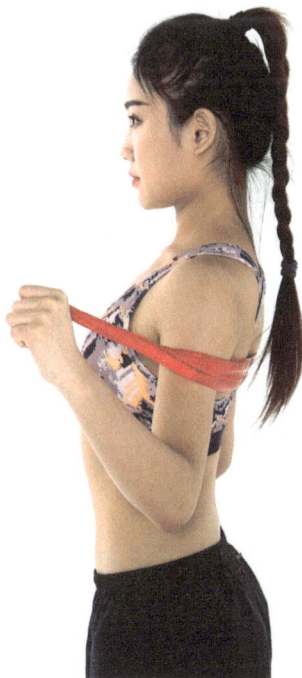

》》

⚠ **注意事项**

肩部有问题、腰背部疼痛时，谨慎练习。

第 4 章
脊柱腰段支柱力量训练

4.1 跪撑姿

跪撑-屈膝伸髋

扫描二维码
看动作视频

难度等级	初级
辅助器械	瑜伽垫
目标肌肉	臀大肌、腘绳肌（股二头肌、半腱肌、半膜肌）

要点提示

◆ 核心收紧，手臂伸直。

◆ 运动过程中，保持膝关节角度不变。

◆ 伸展一侧髋关节时，大腿向后上方抬起至臀部收缩至最大幅度。

◆ 该练习对肩胛稳定肌群、屈髋肌群也有较好的强化作用。

1 俯身跪姿，双臂伸直支撑于垫上，保持背部平直，核心收紧。

2 保持身体稳定的同时，保持屈膝一侧腿向后上方抬起至臀部收缩至最大幅度。

肌肉图解析

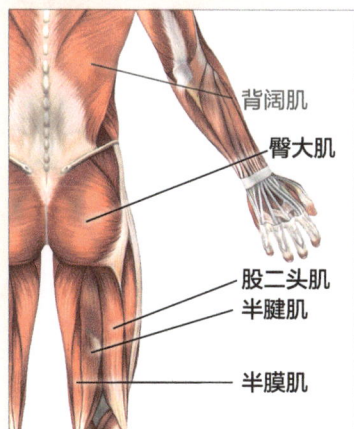

- 背阔肌
- **臀大肌**
- 股二头肌
- 半腱肌
- 半膜肌

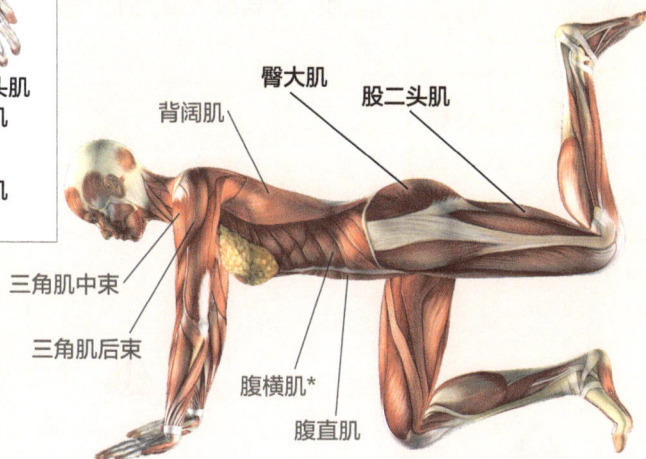

- **臀大肌**
- 背阔肌
- **股二头肌**
- 三角肌中束
- 三角肌后束
- 腹横肌*
- 腹直肌

⚠ **注意事项**

肩部有问题、核心肌群力量薄弱、腰背部疼痛时，谨慎练习。

❸ 回到起始位置，完成规定次数。换至对侧重复以上步骤。

跪撑-肘膝触碰

扫描二维码
看动作视频

难度等级	初级
辅助器械	瑜伽垫
目标肌肉	腹直肌、竖脊肌、臀大肌、髂肌、腰大肌

要点提示

◆ 核心收紧，手臂伸直。
◆ 运动过程中，髋关节保持中立位。
◆ 肘膝碰触点在身体中线上。
◆ 该练习对肩胛稳定肌群也有较好的强化作用。

⚠ **注意事项**

肩部有问题、核心肌群力量薄弱、腰背部疼痛时，谨慎练习。

❶ 俯身跪姿，双臂伸直支撑于垫上，保持背部平直，核心收紧。

❷ 保持身体稳定的同时，一侧手臂伸直并沿耳边向前抬起，对侧腿向后抬起伸直至与地面平行。

肌肉图解析

三角肌前束

三角肌中束

腹直肌

髂肌

腰大肌

腹内斜肌*

竖脊肌*

腹外斜肌

背阔肌

臀大肌

三角肌中束

三角肌后束

腹横肌*

腹直肌

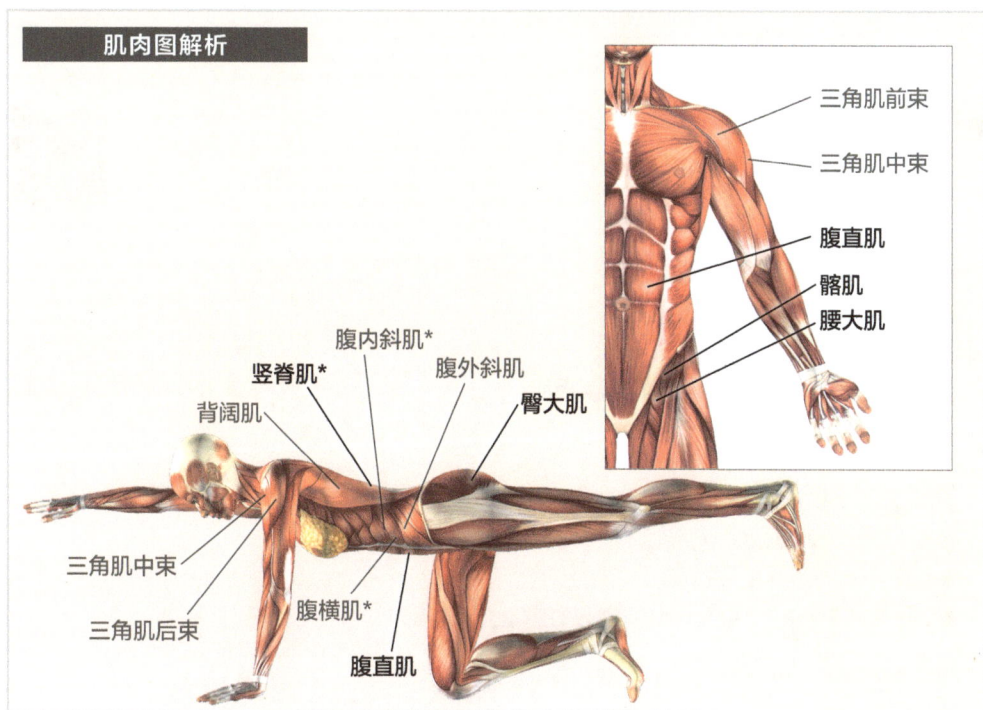

❸ 抬起的手臂屈肘，同时抬起的腿屈髋屈膝，使肘部与对侧膝部在躯干下方正中位置相碰。

❹ 恢复步骤2的姿势，复重肘膝触碰，完成规定次数。回到起始位置，换至对侧重复以上步骤。

4.2 俯撑姿

直臂平板支撑

扫描二维码
看动作视频

难度等级	初级
辅助器械	瑜伽垫
目标肌肉	腹直肌、腹横肌

要点提示

◆ 核心收紧，保持背部平直，手臂伸直。

◆ 运动过程中，身体呈一条直线。

◆ 该练习对肩胛稳定肌和臀大肌也有较好的强化作用。

⚠️ **注意事项**

肩部有问题、核心肌群力量薄弱、腰背部疼痛时，谨慎练习。

俯撑姿，双手双脚撑垫，双腿伸直，双臂伸直位于肩部正下方，保持背部平直，核心收紧。规定时间内保持姿势不变。

肌肉图解析

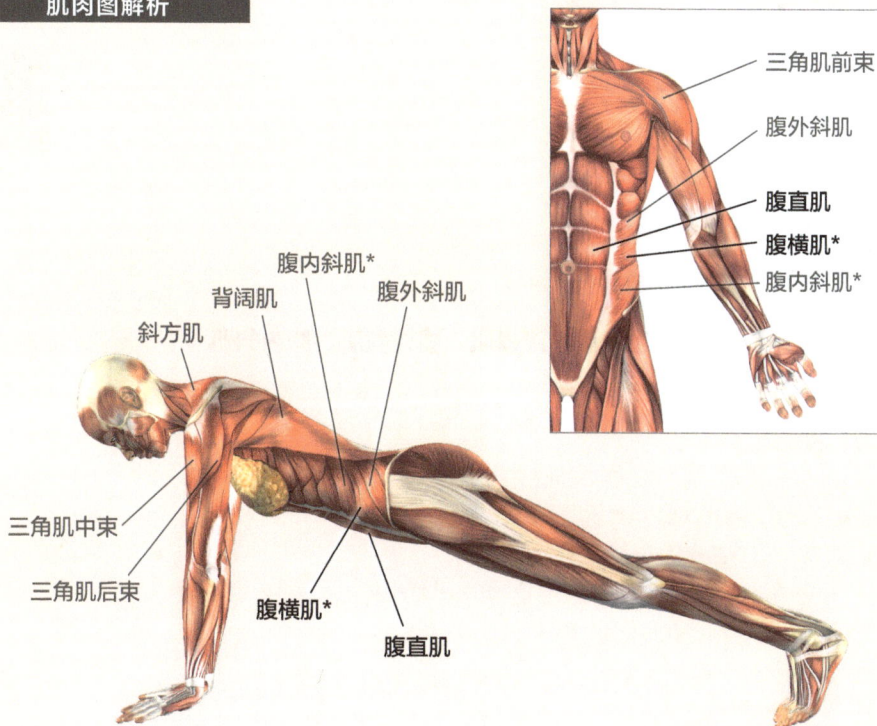

三角肌前束
腹外斜肌
腹直肌
腹横肌*
腹内斜肌*

腹内斜肌*
背阔肌
腹外斜肌
斜方肌

三角肌中束
三角肌后束
腹横肌*
腹直肌

转换角度

 动作变式

平板支撑–单臂上举

扫描二维码
看动作视频

难度等级	**中级**
辅助器械	**瑜伽垫**
目标肌肉	**腹直肌、腹横肌、腹外斜肌、腹内斜肌**

要点提示

◆ 核心收紧，保持背部平直，手臂伸直。
◆ 运动过程中，髋关节保持中立位。
◆ 运动过程中，保持身体在一条直线上。
◆ 该练习对肩胛稳定肌群、臀大肌也有较好的强化作用。

❶ 呈直臂平板支撑姿势。

❷ 一侧手臂保持不动，另一侧手臂伸直并沿耳边向前抬起至与地面大致平行。规定时间内保持姿势不变，然后回到起始位置，换至对侧重复以上步骤。

 动作变式

平板支撑–单臂侧平举
直臂平板支撑后，一侧手臂保持不动，另一侧手臂伸直向一侧抬起至与地面大致平行。

【图标】 **动作变式**

平板支撑-对侧上举

扫描二维码
看动作视频

难度等级	**中级**
辅助器械	**瑜伽垫**
目标肌肉	**腹直肌、腹横肌、腹外斜肌、腹内斜肌**

要点提示

◆ 核心收紧,保持背部平直,手臂伸直。

◆ 运动过程中,髋关节保持中立位。

◆ 运动过程中,头、肩、躯干、髋以及支撑脚在一条直线上。

◆ 该练习对肩胛稳定肌群、伸髋肌群也有较好的强化作用。

❶ 呈直臂平板支撑姿势。

❷ 一侧手臂伸直并沿耳边向前抬起至与地面大致平行,同时对侧腿向上抬起至与地面大致平行。规定时间内保持姿势不变,然后回到起始位置,换至对侧重复以上步骤。

动作变式

平板支撑-动态前屈髋

扫描二维码
看动作视频

难度等级	中级
辅助器械	瑜伽垫
目标肌肉	腹直肌、腹横肌、腹外斜肌、腹内斜肌

要点提示

◆ 核心收紧，保持背部平直，手臂伸直。

◆ 运动过程中，髋关节保持中立位。

◆ 运动过程中，保持头、肩、躯干、髋以及支撑脚在一条直线上。

◆ 该练习对肩胛稳定肌群、屈髋肌群、臀大肌等也有较好的强化作用。

❶ 呈直臂平板支撑姿势。

❷ 一侧腿保持不动，另一侧腿屈髋屈膝前抬，使膝关节靠近手臂。屈膝腿向后伸直的同时，换另一侧腿屈髋屈膝前抬。两侧交替完成规定次数。

动作变式

平板支撑-上下支撑

扫描二维码
看动作视频

难度等级	中级
辅助器械	瑜伽垫
目标肌肉	腹直肌、腹横肌、腹外斜肌、腹内斜肌

要点提示

◆ 核心收紧，保持背部平直。

◆ 运动过程中，髋关节保持中立位。

◆ 运动过程中，保持身体呈一条直线。

◆ 该练习对上肢以及肩部肌群也有较好的强化作用。

❶ 呈直臂平板支撑姿势。

❷ 一侧手臂微屈保持手掌支撑，另一侧手臂屈肘使前臂支撑于垫上。

❸ 手掌支撑一侧的手臂屈肘也使前臂支撑于垫上。

❹ 一侧手臂保持屈肘支撑，另一侧手臂伸直使手掌撑垫。屈肘一侧的手臂伸直，回到起始位置，完成规定次数。

动作变式

瑞士球-下斜-平板支撑屈膝

难度等级	中级
辅助器械	瑞士球
目标肌肉	腹直肌、腹横肌、腹外斜肌、腹内斜肌

要点提示

◆ 核心收紧，保持身体呈一条直线。
◆ 运动过程中，双手始终位于肩部正下方。
◆ 该练习对肩胛稳定肌群和屈髋肌群也有较好的强化作用。

❶ 脚背置于瑞士球上，双手撑地呈俯卧撑准备姿势，双手支撑于肩部正下方，核心收紧，保持身体呈一条直线。

❷ 保持身体稳定，屈髋屈膝至大腿约与地面垂直。回到起始位置，完成规定次数。

![人物图标] 动作变式

瑞士球-下斜-平板支撑静力

扫描二维码
看动作视频

难度等级	**中级**
辅助器械	**瑞士球**
目标肌肉	**腹直肌、腹横肌、腹外斜肌、腹内斜肌**

要点提示

◆ 核心收紧，保持身体呈一条直线。

◆ 运动过程中，双手始终位于肩部正下方。

◆ 该练习对肩胛稳定肌群也有较好的强化作用。

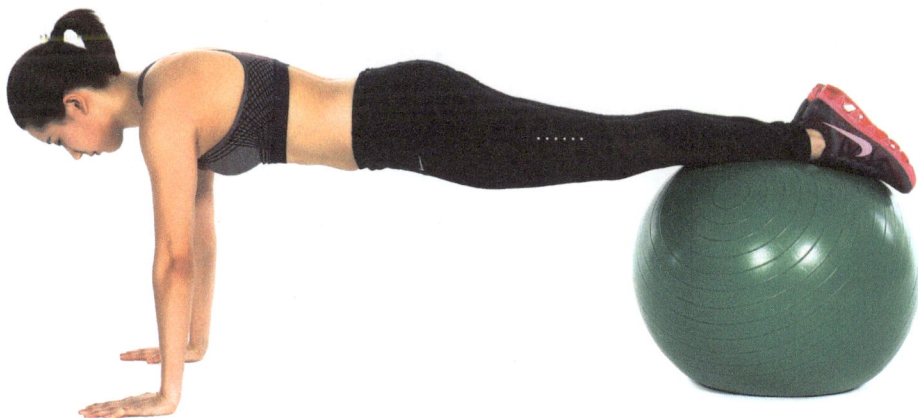

双侧小腿置于瑞士球上，双手撑于肩部正下方呈俯卧撑准备姿势，核心收紧，保持身体呈一条直线。规定时间内保持姿势不变。

🧍 **动作变式**

瑞士球-下斜-平板支撑-交替摆腿

扫描二维码
看动作视频

难度等级	高级
辅助器械	瑞士球
目标肌肉	腹直肌、腹横肌、腹外斜肌、腹内斜肌、臀大肌、髂肌、腰大肌

要点提示

◆ 核心收紧，保持身体呈一条直线。
◆ 运动过程中，双手始终位于肩部正下方。
◆ 该练习对肩胛稳定肌群也有较好的强化作用。

❶ 双侧小腿置于瑞士球上，双手撑于肩部正下方呈俯卧撑准备姿势，核心收紧，保持身体呈一条直线。

❷ 保持身体平衡，一侧腿伸直离开球面并向地面靠近，直至接近地面。两侧交替完成规定次数。

动作变式

瑞士球-下斜-平板支撑-抬腿静力

扫描二维码
看动作视频

难度等级	**高级**
辅助器械	**瑞士球**
目标肌肉	**腹直肌、腹横肌、腹外斜肌、腹内斜肌、臀大肌、竖脊肌**

要点提示

◆ 核心收紧，保持身体呈一条直线，双手始终位于肩关节正下方。

◆ 运动过程中，髋关节保持中立位。

◆ 该练习对肩胛稳定肌群也有较好的强化作用。

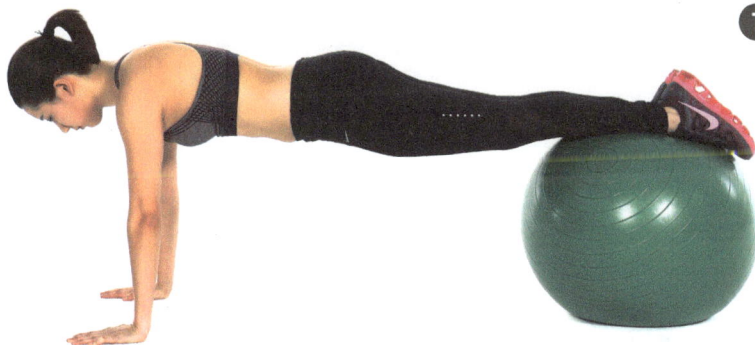

① 双侧小腿置于瑞士球上，双手撑于肩部正下方呈俯卧撑准备姿势，腹部发力，保持身体呈一条直线。

② 保持身体稳定，抬起一侧腿并保持伸直，脚距离球面约20厘米。规定时间内保持姿势不变。回到起始位置，换至对侧重复以上步骤。

俯桥

扫描二维码
看动作视频

难度等级	初级
辅助器械	瑜伽垫
目标肌肉	腹直肌、腹横肌、腹外斜肌、腹内斜肌

要点提示

◆ 核心收紧，保持背部平直。

◆ 运动过程中，保持肘关节位于肩部正下方。

◆ 运动过程中，保持身体在一条直线上。

◆ 该练习对肩胛稳定肌群也有较好的强化作用。

⚠ **注意事项**

肩部有问题、核心肌群力量薄弱、腰背部疼痛时，谨慎练习。

俯撑姿，双臂屈肘约呈90度，支撑于肩部正下方，保持背部平直，核心收紧。双脚分开至与髋同宽，脚尖支撑于垫上。规定时间内保持姿势不变。

肌肉图解析

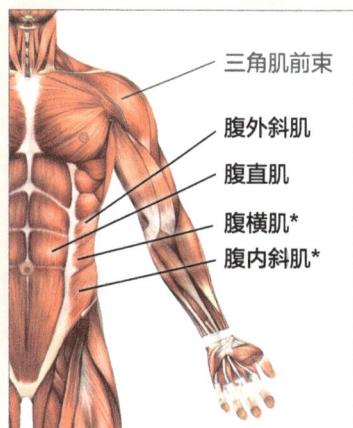

三角肌前束
腹外斜肌
腹直肌
腹横肌*
腹内斜肌*

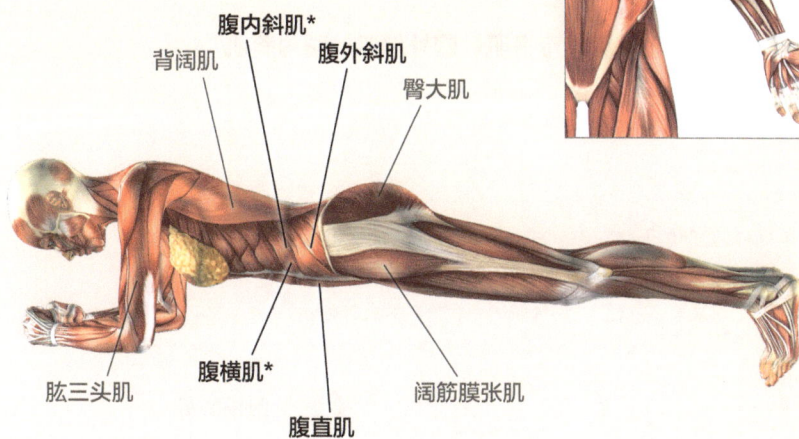

腹内斜肌*
背阔肌
腹外斜肌
臀大肌

肱三头肌
腹横肌*
腹直肌
阔筋膜张肌

🔄 转换角度

 动作变式

俯桥–单腿上举

扫描二维码
看动作视频

难度等级	中级
辅助器械	瑜伽垫
目标肌肉	腹直肌、腹横肌、腹外斜肌、腹内斜肌

要点提示

◆ 核心收紧，保持背部平直。

◆ 运动过程中，保持肘部位于肩部正下方，并保持髋关节中立位。

◆ 运动过程中，保持头、肩、躯干、髋以及支撑脚在一条直线上。

◆ 该练习对肩胛稳定肌群、竖脊肌、臀大肌也有较好的强化作用。

❶ 呈俯桥姿势。

❷ 保持一侧腿支撑，另一侧腿伸直抬起至与地面平行。规定时间内保持姿势不变。换至对侧重复以上步骤。

动作变式

俯桥–单臂上举

扫描二维码
看动作视频

难度等级	中级
辅助器械	瑜伽垫
目标肌肉	腹直肌、腹横肌、腹外斜肌、腹内斜肌

要点提示

◆ 核心收紧，保持背部平直。

◆ 运动过程中，保持支撑臂的肘关节位于肩部下方。

◆ 运动过程中，保持身体在一条直线上。

◆ 该练习对肩胛稳定肌群也有较好的强化作用。

❶ 呈俯桥姿势。

❷ 保持一侧手臂屈肘支撑，另一侧手臂沿耳边向前抬起伸直至与躯干呈一条直线。规定时间内保持姿势不变。换至对侧重复以上步骤。

 **动作变式**

俯桥-对侧上举

扫描二维码
看动作视频

难度等级	**中级**
辅助器械	**瑜伽垫**
目标肌肉	**腹直肌、腹横肌、腹外斜肌、腹内斜肌**

要点提示

◆ 核心收紧，保持背部平直。

◆ 运动过程中，髋关节保持中立位。

◆ 运动过程中，保持头、肩、躯干、髋以及支撑脚在一条直线上。

◆ 该练习对肩胛稳定肌群、臀大肌也有较好的强化作用。

① 呈俯桥姿势。

② 一侧手臂伸直并沿耳边向前抬起至与地面平行，同时对侧腿向上抬起至与地面平行。规定时间内保持姿势不变。换至对侧重复以上步骤。

动作变式

俯桥-转体

扫描二维码
看动作视频

难度等级	中级
辅助器械	瑜伽垫
目标肌肉	腹直肌、腹横肌、腹外斜肌、腹内斜肌

要点提示

◆ 保持躯干稳定，核心收紧，背部平直。

◆ 转体时躯干整体旋转，不能向两侧屈。

◆ 保持伸直手的手臂与支撑手的上臂呈一条直线。

◆ 该练习对肩胛稳定肌群、臀中肌也有较好的强化作用。

❶ 呈俯桥姿势（此处两前臂呈前后贴近支撑）。

❷ 保持一侧手臂屈肘支撑，另一侧手臂向外伸展至垂直于地面，并与支撑手的上臂呈一条直线。此时身体整体旋转方向与头部旋转方向一致，两腿自然分开，前腿的脚内侧着地，后腿的脚外侧着地，身体平直。回到起始位置，换至对侧重复以上步骤。两侧交替完成规定次数。

瑞士球-俯撑-对侧手脚交替抬起

扫描二维码
看动作视频

难度等级	**高级**
辅助器械	**瑞士球**
目标肌肉	**竖脊肌、臀大肌**

要点提示

◆ 核心收紧，保持背部平直，手臂伸直。

◆ 抬起的手臂和腿与躯干约在同一高度。

◆ 运动过程中，保持身体稳定。

① 俯卧在瑞士球上，双手双脚撑地。

⚠️ **注意事项**

肩部有问题、核心肌群力量薄弱、腰背部疼痛时，谨慎练习。

② 核心收紧，保持背部平直，同时抬起一侧手臂和对侧腿，至手臂、腿约与地面平行。

肌肉图解析

背阔肌
竖脊肌*
臀大肌
股二头肌
半腱肌
半膜肌

肱三头肌
背阔肌
腹内斜肌*
腹外斜肌
臀大肌
腹横肌*
腹直肌
阔筋膜张肌

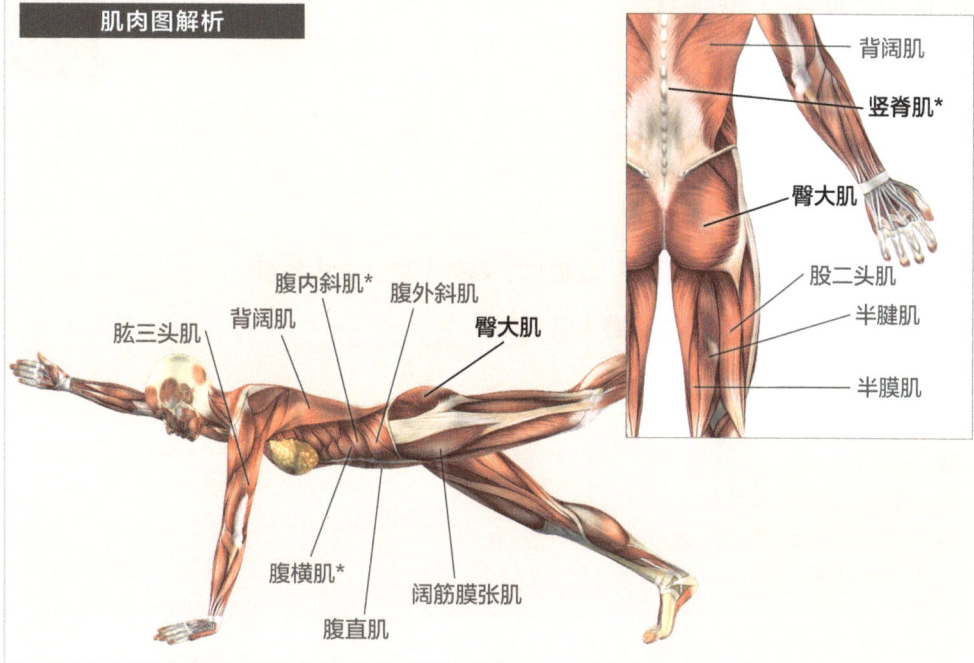

❸ 抬起的手和脚回到起始位置后，再次抬起另一侧的手和脚。

❹ 回到起始位置，两侧交替完成规定次数。

俯撑-滑贴-交替登山

扫描二维码
看动作视频

难度等级	中级
辅助器械	滑贴
目标肌肉	腹直肌、腹横肌、腹外斜肌、腹内斜肌、髂肌、腰大肌

要点提示

◆ 保持背部平直，核心收紧。

◆ 运动过程中避免身体晃动。

◆ 双臂伸直，置于肩部正下方。

◆ 该练习对肩部稳定肌群、臀大肌也有较好的强化作用。

❶ 呈直臂平板支撑姿势，双脚脚尖踩于滑贴上。

❷ 保持背部平直，核心收紧。一侧腿屈髋屈膝使膝盖接近手臂。

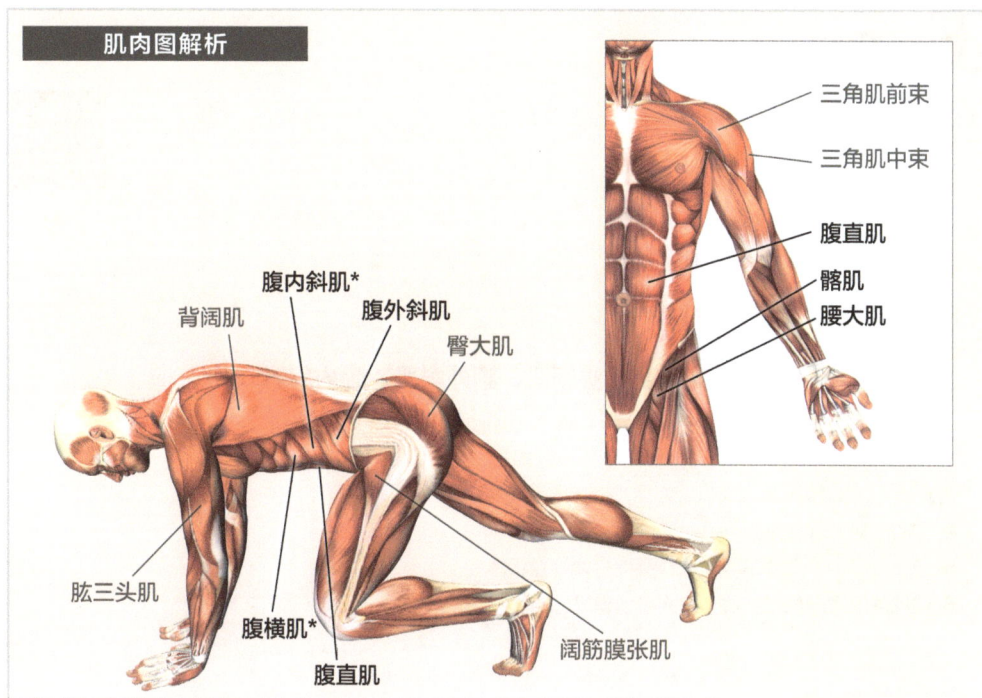

肌肉图解析

三角肌前束
三角肌中束
腹直肌
髂肌
腰大肌

背阔肌
腹内斜肌*
腹外斜肌
臀大肌
肱三头肌
腹横肌*
腹直肌
阔筋膜张肌

⚠ **注意事项**

肩部有问题、核心肌群力量薄弱、腰背部疼痛时，谨慎练习。

❸ 屈膝腿伸直，同时换另一侧腿屈髋屈膝重复动作。

❹ 左右交替，完成规定次数。回到起始位置。

动作变式

TRX-交替登山

扫描二维码
看动作视频

难度等级	中级
辅助器械	TRX
目标肌肉	腹直肌、腹横肌、腹外斜肌、腹内斜肌、髂肌、腰大肌

要点提示

◆ 核心收紧，保持背部平直。

◆ 运动过程中，髋部不要起伏，保持身体中立状态。

◆ 该练习对肩胛稳定肌群、臀大肌也有较好的强化作用。

❶ 呈直臂平板支撑姿势，双脚放在TRX的把手上。

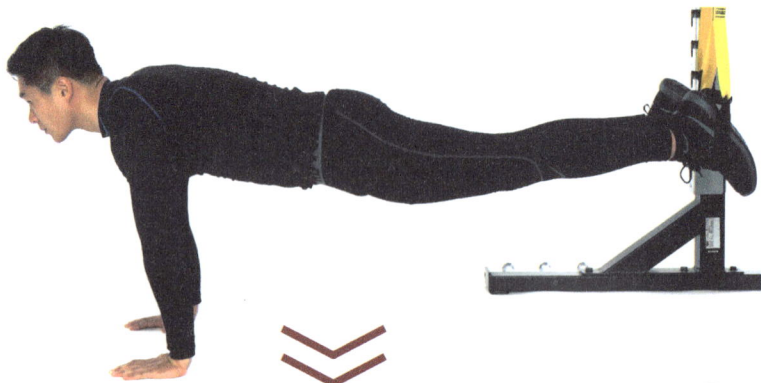

❷ 保持身体稳定，腹部与髋部发力，一侧腿屈髋屈膝，使大腿尽可能向胸部靠近。两侧交替屈髋屈膝，完成规定次数。

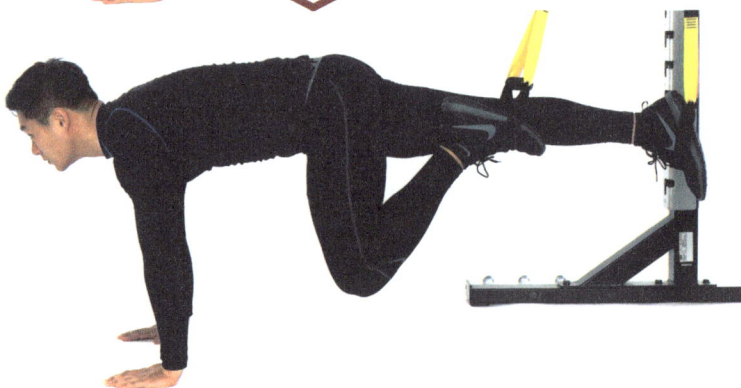

🏋️ **动作变式**

迷你带–交替登山

扫描二维码
看动作视频

难度等级	中级
辅助器械	迷你带、瑜伽垫
目标肌肉	腹直肌、腹横肌、腹外斜肌、腹内斜肌、髂肌、腰大肌

要点提示

◆ 核心收紧，保持背部平直，手臂伸直。

◆ 运动过程中，髋关节保持中立位。

◆ 该练习对肩胛稳定肌群、臀大肌也有较好的强化作用。

① 呈直臂平板支撑姿势，将迷你弹力带绕过双脚足底，保持迷你带绷直但不拉伸。

② 保持躯干姿势不变，一侧腿向前屈髋屈膝使膝盖靠近手臂。两侧交替屈髋屈膝完成规定次数。

4.3 侧支撑姿

侧平板支撑-并腿

扫描二维码
看动作视频

难度等级	初级
辅助器械	瑜伽垫
目标肌肉	腹直肌、腹横肌、腹外斜肌、腹内斜肌

要点提示

◆ 核心收紧，保持背部平直。
◆ 运动过程中，髋部不要下沉。
◆ 运动过程中，保持身体在一个平面。
◆ 该练习对肩胛稳定肌群也有较好的强化作用。

侧身单臂支撑，双腿伸直并拢支撑于垫上，支撑手位于肩部正下方，手臂伸直，上方手叉腰，保持背部平直，核心收紧，髋部离垫，身体呈一条直线。规定时间内保持姿势不变。换至对侧重复以上步骤。

肌肉图解析

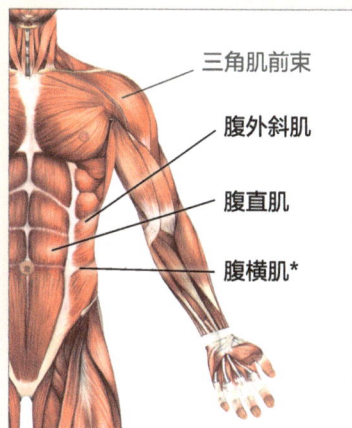

三角肌前束
腹外斜肌
腹直肌
腹横肌*

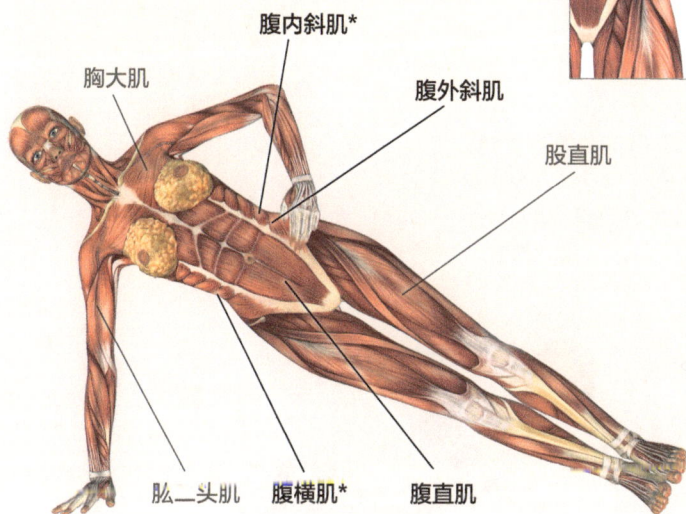

胸大肌
腹内斜肌*
腹外斜肌
股直肌
肱二头肌
腹横肌*
腹直肌

动作变式

侧平板支撑 – 分腿
与并腿动作的区别在于，双脚分开呈一前一后支撑。

动作变式

侧平板支撑-抬腿-动态

扫描二维码
看动作视频

难度等级	**中级**
辅助器械	**瑜伽垫**
目标肌肉	**腹直肌、腹横肌、腹外斜肌、腹内斜肌、髋外展肌群**

要点提示

◆ 核心收紧，保持背部平直，支撑手的手臂伸直。

◆ 运动过程中，髋部不要下沉。

◆ 运动过程中，保持身体在一个平面。

◆ 该练习对肩胛稳定肌群也有较好的强化作用。

❶ 呈侧平板支撑（并腿）姿势。

❷ 髋部外展使上方腿抬起至约与地面平行。回到起始位置，完成规定次数。换至对侧重复以上步骤。

 **动作变式**

侧平板支撑-屈膝

扫描二维码
看动作视频

难度等级	**初级**
辅助器械	**瑜伽垫**
目标肌肉	**腹直肌、腹横肌、腹外斜肌、腹内斜肌**

要点提示

◆ 核心收紧，保持背部平直，支撑手的手臂伸直。

◆ 运动过程中，髋部不要下沉。

◆ 该练习对肩胛稳定肌群也有较好的强化作用。

侧身单臂支撑，双腿并拢屈膝支撑于垫上，支撑手位于肩部正下方，手臂伸直，上方手叉腰，保持背部平直，核心收紧，髋部离垫，头、肩、躯干、髋、膝在一条直线上。规定时间内保持姿势不变。

侧桥-并腿

扫描二维码
看动作视频

难度等级	中级
辅助器械	瑜伽垫
目标肌肉	腹直肌、腹横肌、腹外斜肌、腹内斜肌

要点提示

◆ 核心收紧，保持背部平直。

◆ 运动过程中，身体呈一条直线。

◆ 该练习对肩胛稳定肌群也有较好的强化作用。

侧身屈肘支撑，双腿伸直并拢支撑于垫上。支撑的手肘支撑于肩部正下方，保持背部平直，核心收紧，髋部离垫，身体呈一条直线。规定时间内保持姿势不变。

肌肉图解析

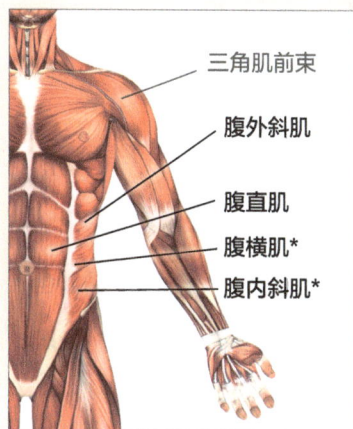

三角肌前束

腹外斜肌

腹直肌

腹横肌*

腹内斜肌*

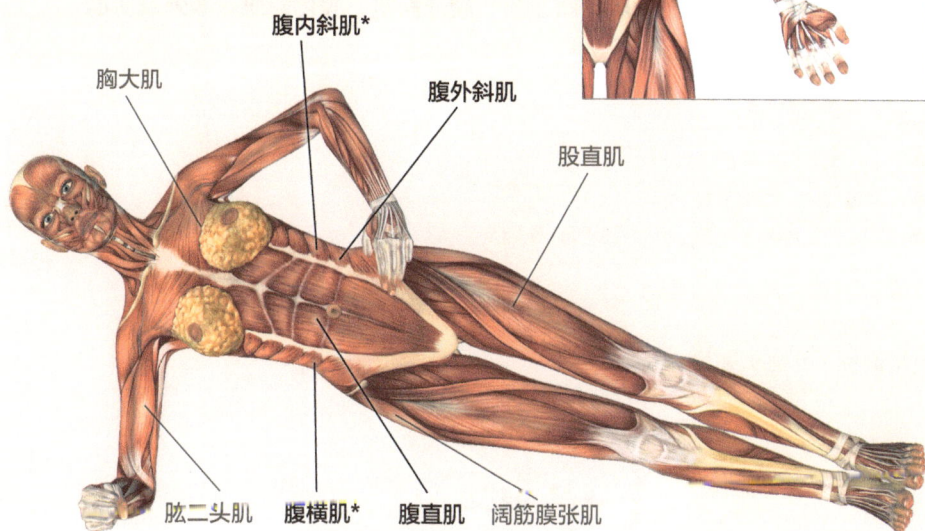

腹内斜肌*

胸大肌

腹外斜肌

股直肌

肱二头肌　腹横肌*　腹直肌　阔筋膜张肌

动作变式

侧桥－分腿

与并腿动作的区别在于，双
脚分开呈一前一后支撑。

动作变式

侧桥-抬腿-动态

扫描二维码
看动作视频

难度等级	中级
辅助器械	瑜伽垫
目标肌肉	腹直肌、腹横肌、腹外斜肌、腹内斜肌、髋外展肌群

要点提示

◆ 核心收紧，保持背部平直。

◆ 运动过程中，髋部不要下沉。

◆ 该练习对肩胛稳定肌群也有较好的强化作用。

1 呈侧桥（并腿）姿势。

2 髋部外展使上方腿抬起至与地面平行。回到起始位置，完成规定次数。换至对侧重复以上步骤。

动作变式

侧桥-膝碰肘

扫描二维码
看动作视频

难度等级	**高级**
辅助器械	**瑜伽垫**
目标肌肉	**腹直肌、腹横肌、腹内斜肌、腹外斜肌、竖脊肌、屈髋肌群**

要点提示

◆ 全程保持核心收紧，背部平直。

◆ 运动过程中，髋关节不要下沉。

◆ 该练习对肩胛稳定肌群也有较好的强化作用。

1 呈侧桥（并腿）姿势，非支撑侧的手臂伸直，与支撑侧手臂的上臂在一条直线上。

2 保持身体平衡，非支撑侧的手臂弯曲，同侧腿屈髋屈膝，使肘膝相碰。回到起始位置，完成规定次数。换至对侧重复以上步骤。

4.4 瑞士球上仰卧姿

瑞士球-哑铃-仰卧-球上卷腹

扫描二维码
看动作视频

难度等级	**高级**
辅助器械	**瑞士球、哑铃**
目标肌肉	**腹直肌、腹横肌**

要点提示

◆ 核心收紧，保持背部平直，手臂伸直。
◆ 运动过程中，双脚踩实地面。

1 仰卧于瑞士球上，背部、腰部紧贴球面，挺髋的同时屈膝约呈90度，使躯干、大腿与地面平行。双手持哑铃置于胸部正上方，手臂伸直。

2 下背部贴住瑞士球，保持手臂姿势不变，核心收紧，躯干屈曲，使上背部离开瑞士球。

肌肉图解析

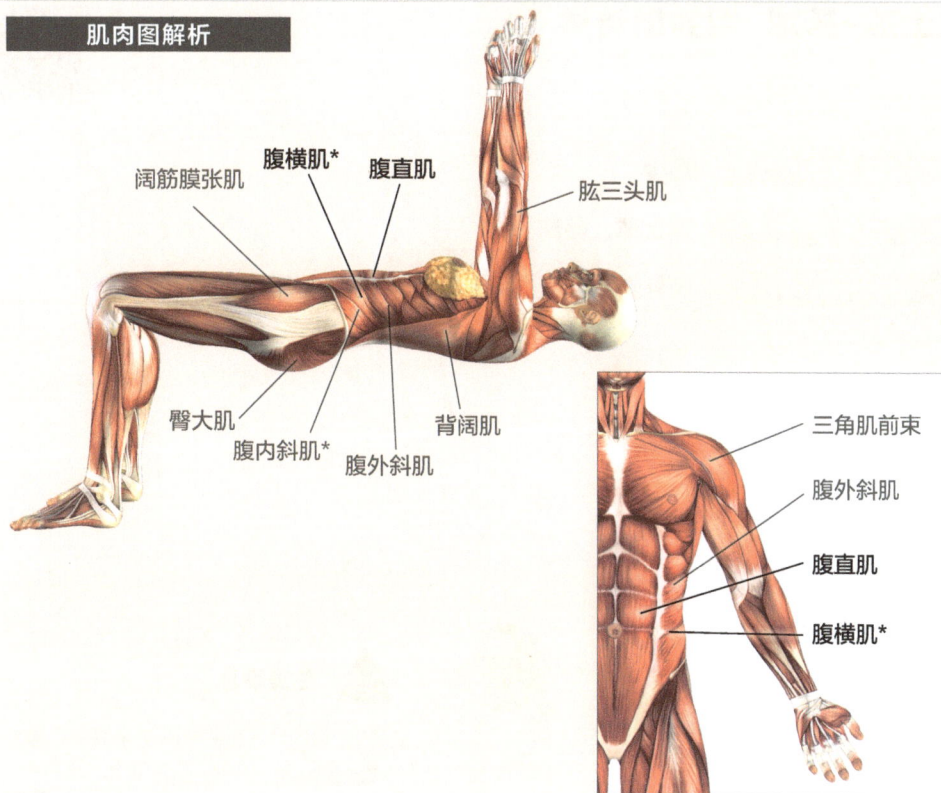

阔筋膜张肌　腹横肌*　腹直肌　　肱三头肌

臀大肌　腹内斜肌*　腹外斜肌　背阔肌

三角肌前束
腹外斜肌
腹直肌
腹横肌*

⚠️ **注意事项**

肩部有问题、核心肌群力量薄弱、腰背部疼痛时，谨慎练习。

❸ 回到起始位置，完成规定次数。

瑞士球-药球-俄罗斯转体

扫描二维码
看动作视频

难度等级	高级
辅助器械	瑞士球、药球
目标肌肉	腹外斜肌、腹内斜肌、腹直肌、腹横肌

要点提示

◆ 核心收紧，保持背部平直，手臂伸直。

◆ 运动过程中，双脚紧贴地面。

◆ 躯干、大腿在一条直线上。

◆ 保持双臂伸直。

❶ 仰卧于瑞士球上，瑞士球置于两侧肩胛骨下方，双脚撑地，臀部收紧，髋部伸直。肩胛骨收紧，双臂伸直，双手持药球置于胸部正上方。

⚠ **注意事项**

肩部有问题、核心肌群力量薄弱、腰背部疼痛时，谨慎练习。

❷ 核心收紧，伸髋，保持躯干、大腿在一条直线上，向一侧转体至双臂大致与地面平行。

肌肉图解析

股直肌

腹直肌

缝匠肌

腹内斜肌*

背阔肌

腹外斜肌

三角肌前束

腹外斜肌

腹直肌

腹横肌*

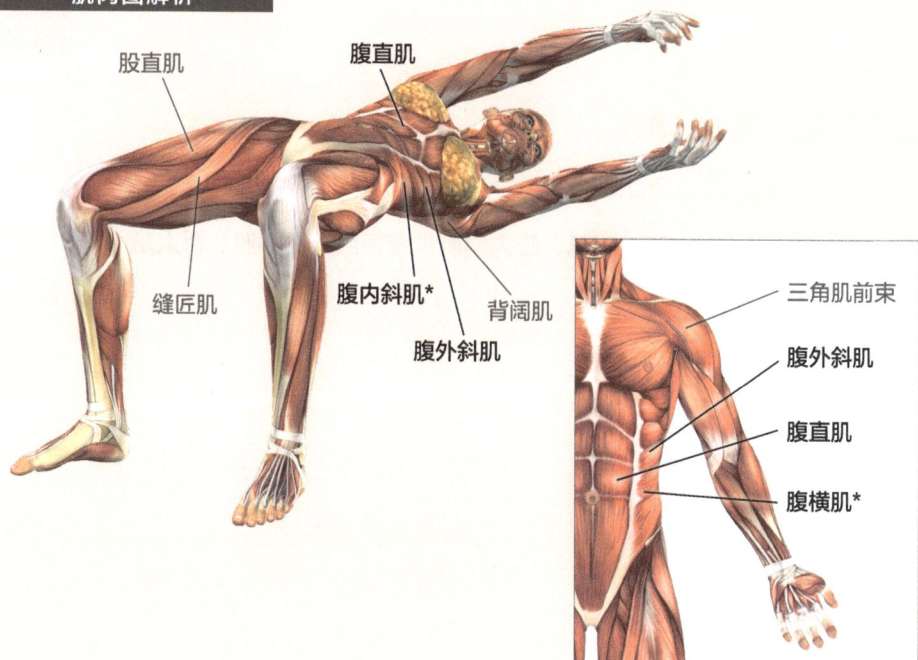

❸ 躯干转动，将药球转向身体的对侧，手臂大致平行于地面。

❹ 回到起始位置。两侧交替重复以上步骤，完成规定次数。

瑞士球-仰卧-侧移

扫描二维码
看动作视频

难度等级	高级
辅助器械	瑞士球
目标肌肉	腹外斜肌、腹内斜肌、腹直肌、腹横肌、臀大肌

要点提示

◆ 核心收紧，保持背部平直，手臂伸直。

◆ 运动过程中，双脚踩实地面。

◆ 保持躯干、大腿与地面平行。

❶ 仰卧于瑞士球上，瑞士球置于两侧肩胛骨下方，双脚撑地，臀部收紧，髋部伸直，双臂伸直侧平举。

⚠ 注意事项

肩部有问题、核心肌群力量薄弱、腰背部疼痛时，谨慎练习。

❷ 保持躯干、大腿与地面平行，躯干左移，瑞士球滚向一侧，空出左侧肩胛骨。

肌肉图解析

股直肌

腹直肌

臀大肌

腹内斜肌* **腹外斜肌**

背阔肌

三角肌前束

腹外斜肌

腹直肌

腹横肌*

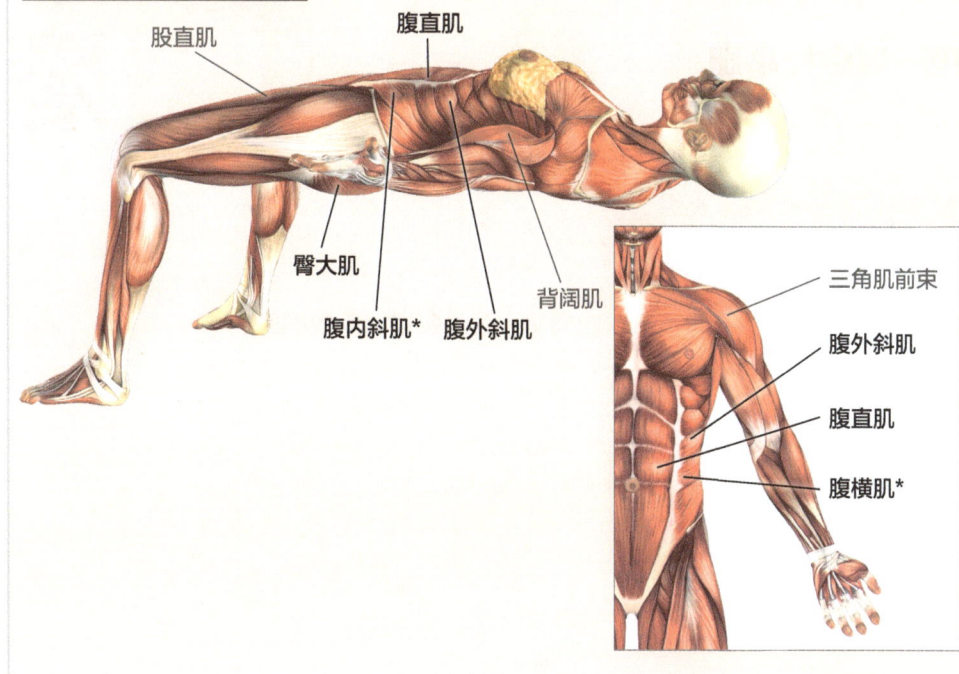

3 躯干反向移动，将瑞士球滚
向一侧，空出右侧肩胛骨。

4 回到起始位置。两侧交替重复
以上步骤，完成规定次数。

4.5 仰卧姿

仰卧－训练椅举腿

扫描二维码
看动作视频

难度等级	**高级**
辅助器械	**训练椅**
目标肌肉	**腹直肌、腹横肌、腹外斜肌、腹内斜肌、髂肌、腰大肌**

要点提示

◆ 核心收紧，躯干保持中立位。

◆ 运动过程中，臀部紧贴椅面。

❶ 仰卧于训练椅上，躯干保持中立位，并贴紧训练椅，双手伸至头顶上方，抓住训练椅，身体呈一条直线，双腿伸直、悬空，脚尖绷直。

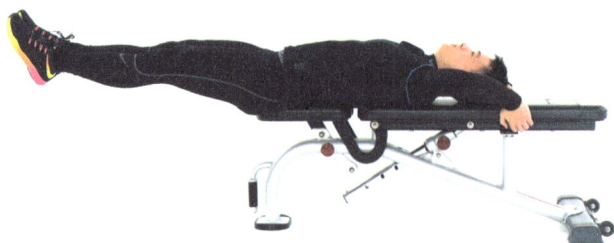

❷ 核心收紧，双腿屈髋上抬并保持伸直。

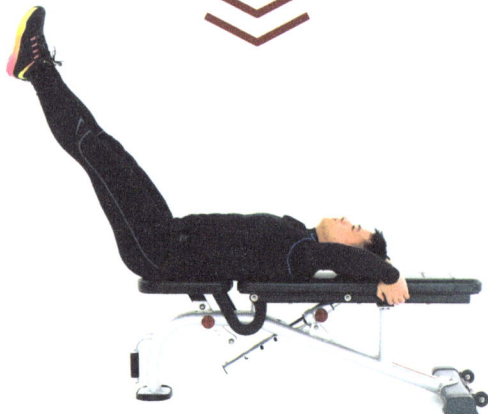

肌肉图解析

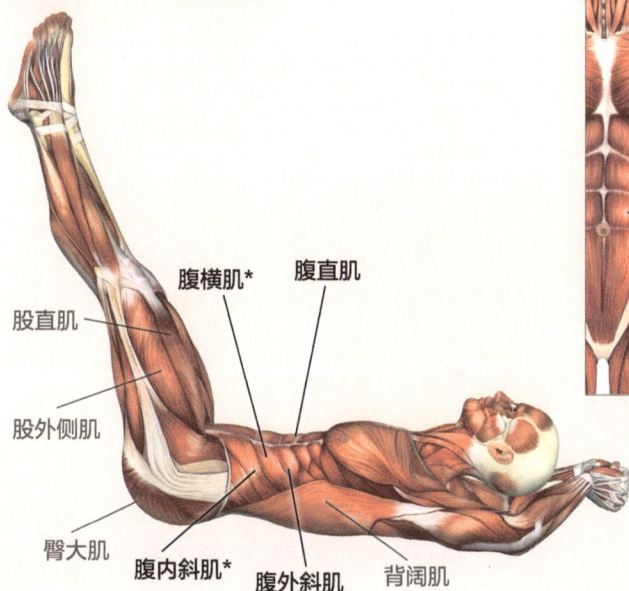

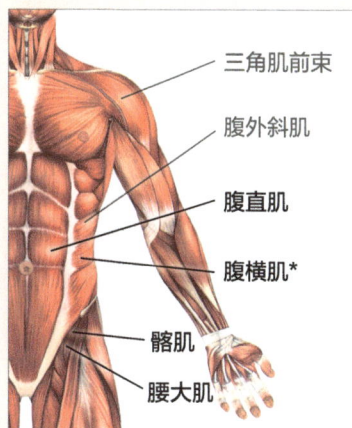

三角肌前束

腹外斜肌

腹直肌

腹横肌*

髂肌

腰大肌

腹横肌*   **腹直肌**

股直肌

股外侧肌

臀大肌   **腹内斜肌***   **腹外斜肌**   背阔肌

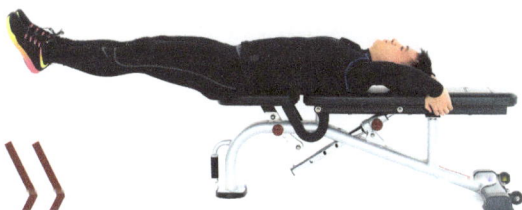

⚠️ **注意事项**

肩部有问题、核心肌群力量薄弱、腰背部疼痛时，谨慎练习。

❸ 双腿缓慢下放，回到起始位置，完成规定次数。

👤 **动作变式**

仰卧－训练椅举腿－进阶

核心肌群与屈髋肌群同时发力，髋关节屈曲后伸直，将身体抬至双腿大约与训练椅呈90度，直至仅上背部、头部贴于椅面。运动过程中保持身体稳定、可控，不要利用惯性做动作，防止受伤。

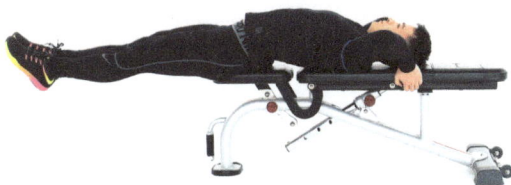

第 5 章
髋部支柱力量训练

5.1 仰卧姿

臀桥-动态

扫描二维码
看动作视频

难度等级	初级
辅助器械	瑜伽垫
目标肌肉	臀大肌、腘绳肌、竖脊肌

要点提示

◆ 核心收紧，保持背部平直，手臂伸直，脚尖勾起。

◆ 运动过程中，双脚脚跟踩实垫面。

◆ 该练习对核心肌群也有较好的强化作用。

❶ 仰卧，双臂自然放于身体两侧，屈髋屈膝，脚尖勾起。

❷ 臀部收紧抬起，直至肩、髋和膝在一条直线上。

肌肉图解析

背阔肌

竖脊肌*

臀大肌
股二头肌
半腱肌
半膜肌

股外侧肌　股直肌　腹横肌*　腹直肌

股二头肌　臀大肌　腹内斜肌*　腹外斜肌　背阔肌

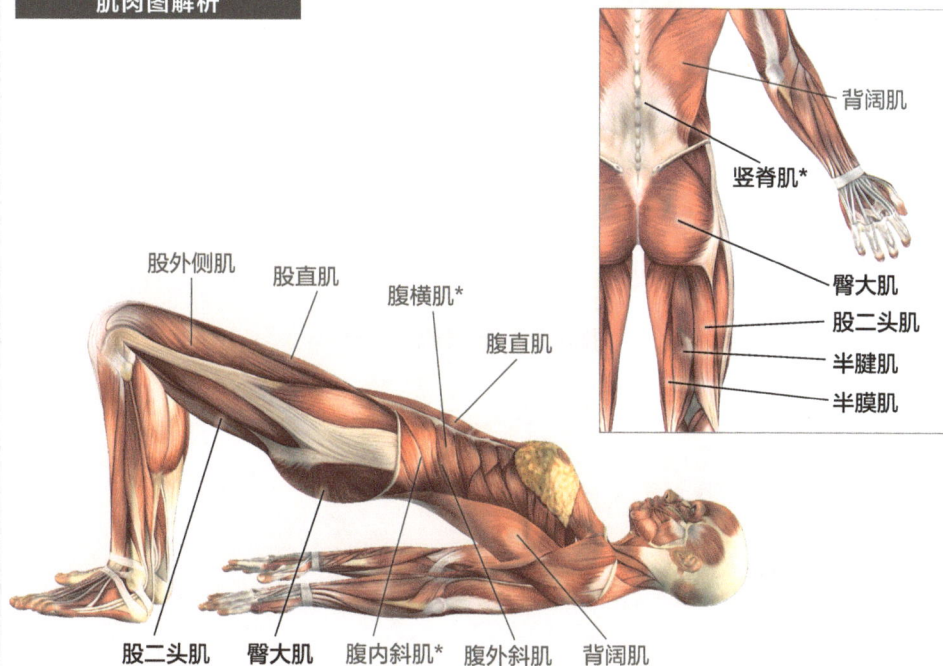

3 规定时间内保持姿势不变。回到起始位置，完成规定次数。

⚠ **注意事项**

腿部疼痛、髋关节疼痛、腰部有问题时，谨慎练习。

动作变式　**迷你带－双腿臀桥**

仰卧，将迷你带固定在膝关节上，双脚踩在垫上，双腿对抗迷你带的阻力，做臀桥训练。

 动作变式

动态臀桥-军步伸膝

扫描二维码
看动作视频

难度等级	中级
辅助器械	瑜伽垫
目标肌肉	臀大肌、腘绳肌、竖脊肌

要点提示

◆ 核心收紧，保持背部平直，脊柱保持中立位。

◆ 臀部收紧，保持臀桥姿势。

◆ 单腿伸膝时，始终保持身体整体稳定。

◆ 该练习对核心肌群也有较好的强化作用。

❶ 仰卧于垫上，双臂伸直，掌心向下，放于身体两侧。双脚分开至与肩同宽，脚跟撑垫，屈髋屈膝，脚尖勾起。

❷ 一侧腿伸直，另一侧腿带动臀部肌肉发力，向上顶髋，撑起身体，直至肩、髋、膝以及伸腿一侧的踝在同一条直线上，保持臀桥姿势。保持抬起腿伸直，臀部落地，并完成规定次数。换至对侧重复以上步骤。

![动作变式图标] **动作变式**

动态臀桥-军步屈髋

扫描二维码
看动作视频

难度等级	中级
辅助器械	瑜伽垫
目标肌肉	臀大肌、腘绳肌、竖脊肌

要点提示

◆ 核心收紧，保持背部平直，脊柱保持中立位。

◆ 臀部收紧，保持臀桥姿势。

◆ 单腿抬起时，始终保持身体整体稳定。

◆ 该练习对核心肌群也有较好的强化作用。

❶ 仰卧于垫上，双臂伸直，掌心向下，放于身体两侧。双脚分开至与肩同宽，脚跟撑垫，屈髋屈膝，脚尖勾起。

❷ 一侧腿屈膝屈髋抬起，另一侧腿带动臀部肌肉发力，向上顶髋，撑起身体，直至躯干、髋、支撑腿的大腿在同一直线上，保持臀桥姿势。保持抬起腿屈膝，臀部落地，并完成规定次数。换至对侧重复以上步骤。

瑞士球-仰卧-直腿挺髋

扫描二维码
看动作视频

难度等级	**中级**
辅助器械	**瑞士球、瑜伽垫**
目标肌肉	**臀大肌、竖脊肌、腘绳肌**

要点提示

◆ 核心收紧，保持背部平直，脊柱保持中立位。

◆ 臀部收紧，保持挺髋姿势。

◆ 该练习对核心肌群、大腿后侧肌群也有较好的强化作用。

1 仰卧于垫上，双手放于身体两侧，双腿伸直，脚尖勾起，脚跟放在瑞士球上。

2 臀部收缩，髋部抬起，直至肩部、躯干、双腿呈一条直线。在最高点保持姿势 3~5 秒。

肌肉图解析

背阔肌

竖脊肌*

臀大肌

股二头肌

半腱肌

半膜肌

股外侧肌

股直肌

腹横肌*

腹直肌

股二头肌

臀大肌

腹内斜肌*

腹外斜肌

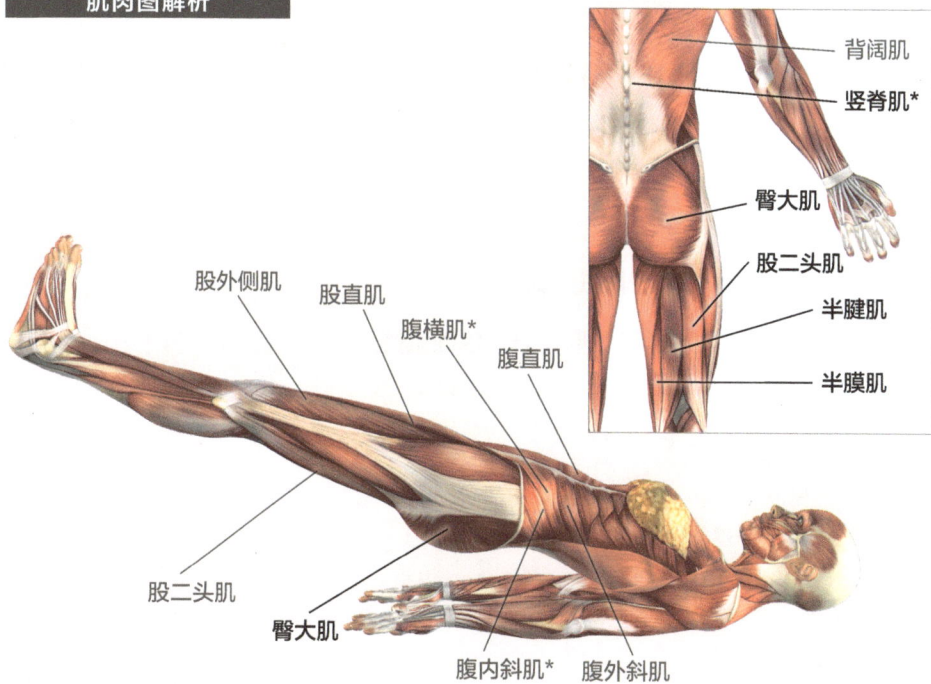

3 回到起始位置，完成
规定次数。

⚠️ **注意事项**

腿部疼痛、髋关节疼痛、腰部有问题时，谨慎练习。

动作变式

瑞士球-仰卧-直腿挺髋抬腿

扫描二维码
看动作视频

难度等级	高级
辅助器械	瑞士球、瑜伽垫
目标肌肉	臀大肌、竖脊肌、屈髋肌群

要点提示

◆ 核心收紧，保持背部平直，脊柱保持中立位。

◆ 臀部收紧，保持挺髋姿势。

◆ 单腿抬起时，始终保持身体整体稳定。

◆ 该练习对核心肌群也有较好的强化作用。

❶ 仰卧于垫上，双手放于身体两侧，双腿伸直，脚尖勾起，脚跟及小腿下部放于瑞士球上。

❷ 臀部收缩，髋部抬起，使肩部、躯干、双腿呈一条直线。

❸ 直膝抬起一侧腿，保持姿势2～3秒。下放腿部，保持身体呈一条直线，换至对侧重复以上步骤。两侧交替，完成规定次数。

 动作变式

瑞士球-仰卧-直腿挺髋军步

难度等级	**高级**
辅助器械	**瑞士球、瑜伽垫**
目标肌肉	**臀大肌、竖脊肌、屈髋肌群**

要点提示

◆ 核心收紧，保持背部平直，脊柱保持中立位。

◆ 臀部收紧，保持挺髋姿势。

◆ 单腿屈膝屈髋时，始终保持身体整体稳定。

◆ 该练习对核心肌群也有较好的强化作用。

1 仰卧于垫上，双手放于身体两侧，双腿伸直，脚尖勾起，脚跟放在瑞士球上。

2 臀部收缩，髋部抬起，使肩部、躯干、双腿呈一条直线。

3 一侧腿屈膝抬起至髋关节与膝关节约呈90度，保持姿势3~5秒。下放腿部，保持身体呈一条直线，换至对侧重复以上步骤。两侧交替，完成规定次数。

瑞士球-仰卧-夹球屈髋

扫描二维码
看动作视频

难度等级	中级
辅助器械	瑞士球、瑜伽垫
目标肌肉	臀大肌、竖脊肌

要点提示

◆ 核心收紧。

◆ 臀部收紧，上背部始终紧贴垫面。

◆ 该练习对核心肌群、屈髋肌群也有较好的强化作用。

⚠ **注意事项**

腿部疼痛、髋关节疼痛、腰部有问题时，谨慎练习。

❶ 仰卧于垫上，双手放于身体两侧，手臂伸直，双腿屈膝约呈90度，小腿放在瑞士球上，并使臀部尽量靠近瑞士球。

❷ 屈髋屈膝，将瑞士球夹在脚跟与大腿后侧之间。

肌肉图解析

背阔肌

竖脊肌*

臀大肌

股二头肌

半腱肌

半膜肌

股二头肌

臀大肌

腹外斜肌

腹内斜肌*

背阔肌

股外侧肌

股直肌

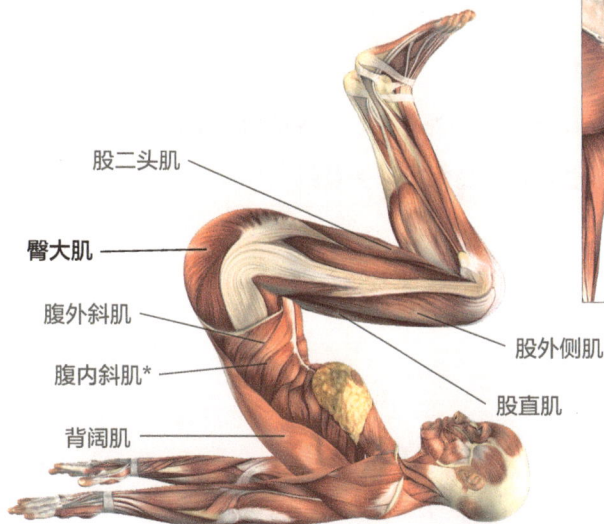

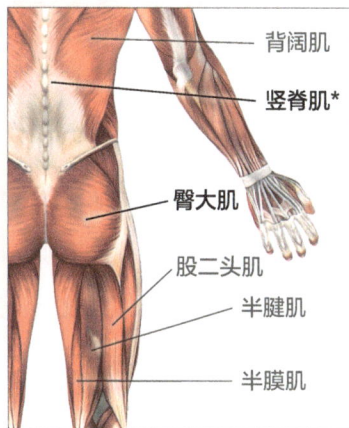

❸ 慢慢夹球屈髋，直至臀部和下背部离地，大腿与躯干紧贴。

❹ 回到起始位置，完成规定次数。

瑞士球-仰卧-夹球转髋

扫描二维码
看动作视频

难度等级	中级
辅助器械	瑞士球、瑜伽垫
目标肌肉	腹直肌、腹横肌、腹外斜肌、腹内斜肌、耻骨肌、大收肌、长收肌、臀大肌、多裂肌

要点提示

◆ 核心收紧，保持背部平直。
◆ 臀部收紧，背部始终紧贴垫面。

⚠ **注意事项**

腿部疼痛、髋关节疼痛、腰部有问题时，谨慎练习。

❶ 仰卧于垫上，双脚夹紧瑞士球，双腿上抬至与地面约呈 45 度。

❷ 保持上半身不动，瑞士球距地面的高度不变，双腿夹球转向身体一侧。

肌肉图解析

腹直肌

耻骨肌

长收肌

大收肌

股中间肌*

股直肌

股外侧肌

股外侧肌

股二头肌

腹横肌*

腹直肌

大收肌

臀大肌

腹内斜肌*　腹外斜肌

（注：因图片角度有限未标
注全部目标肌肉。）

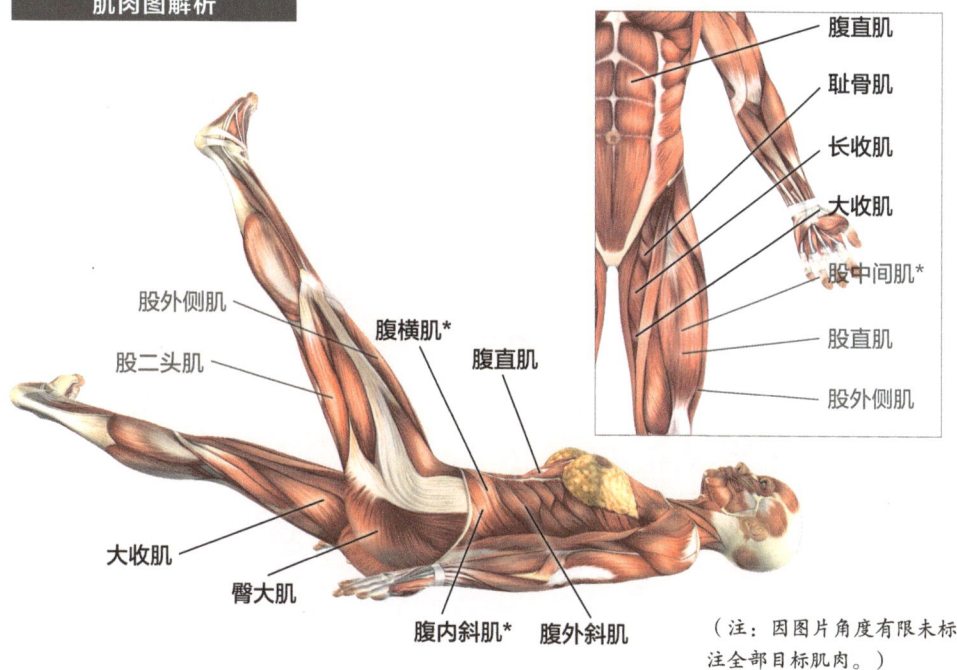

❸ 保持上半身不动，瑞士球
距地面的高度不变，双腿
夹球转向另一侧。

❹ 两侧交替，完成规定次数
后回到起始位置。

5.2 侧卧姿

侧卧-直膝髋外展

扫描二维码
看动作视频

难度等级	初级
辅助器械	瑜伽垫
目标肌肉	臀中肌、阔筋膜张肌

要点提示

◆ 核心收紧，保持背部平直，脚尖勾起。
◆ 运动过程中，抬起腿在一个平面内运动。

❶ 侧卧于垫上，头枕于下侧手臂上，上侧手扶住髋关节外侧，双腿伸直。

❷ 保持身体稳定的同时，臀部发力，上侧腿伸直上抬至最大幅度，保持姿势1～2秒。

肌肉图解析

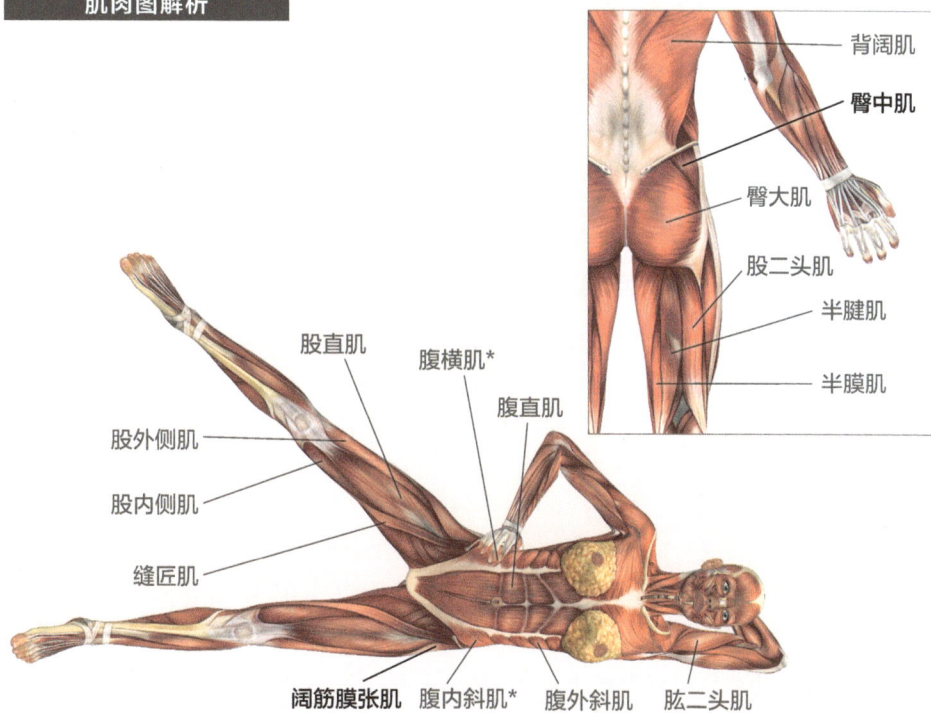

背阔肌
臀中肌
臀大肌
股二头肌
半腱肌
半膜肌

股直肌
腹横肌*
腹直肌
股外侧肌
股内侧肌
缝匠肌

阔筋膜张肌 腹内斜肌* 腹外斜肌 肱二头肌

⚠️ **注意事项**

腿部疼痛、髋关节疼痛、腰部有问题时，谨慎练习。

❸ 回到起始位置，完成规定次数。换至对侧重复以上步骤。

 **动作变式**

迷你带-侧卧-单侧髋外展

扫描二维码
看动作视频

难度等级	**中级**
辅助器械	**瑜伽垫、迷你带**
目标肌肉	**臀中肌、阔筋膜张肌**

要点提示

◆ 核心收紧，腰背挺直，脚尖勾起。

◆ 运动过程中，抬起腿在一个平面内运动。

❶ 侧卧于垫上，下侧手臂向上屈曲支撑头部，上侧
手臂屈曲置于腰部，双腿伸展，迷你带绕在双腿
膝关节处，保持迷你带绷直但不拉伸。

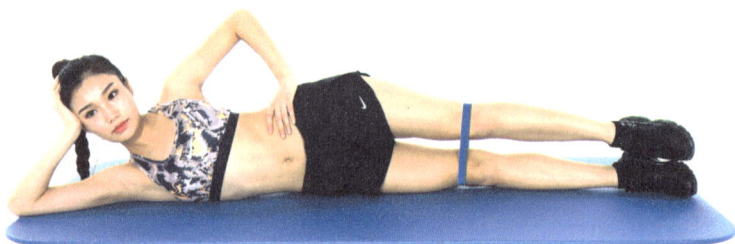

❷ 保持躯干姿势不变，上侧腿部向上
拉伸迷你带至双腿约呈45度。回到
起始位置，完成规定次数。换至对
侧重复以上步骤。

动作变式

侧卧-屈膝髋外旋

扫描二维码
看动作视频

难度等级	中级
辅助器械	瑜伽垫
目标肌肉	臀中肌、阔筋膜张肌

要点提示

◆ 核心收紧，保持背部平直，脊柱保持中立位。

◆ 髋外旋的同时，躯干保持稳定。

1 侧卧于垫上，头枕一侧臂，另一侧手置于腰部，躯干呈一条直线，双腿屈膝屈髋，双脚并拢。

2 臀部发力带动大腿外旋，外旋至最大幅度，膝关节向外，双脚始终保持并拢。回到起始位置，完成规定次数。换至对侧重复以上步骤。

臀肌练习-侧卧-单腿向后画圆

扫描二维码
看动作视频

难度等级	**中级**
辅助器械	**瑜伽垫**
目标肌肉	**臀大肌、臀中肌、臀小肌、股二头肌**

要点提示

◆ 核心收紧，背部平直，脊柱保持中立位。

◆ 运动过程中，躯干保持稳定。

◆ 运动过程中，保持躯干与着地侧的腿在一条直线上。

❶ 侧卧于垫上，头枕一侧臂，另一侧手撑于胸前垫上，双腿伸直，与躯干呈一条直线。

❷ 保持着地侧的腿伸直、非着地侧的腿抬起后，沿顺时针画圆。

肌肉图解析

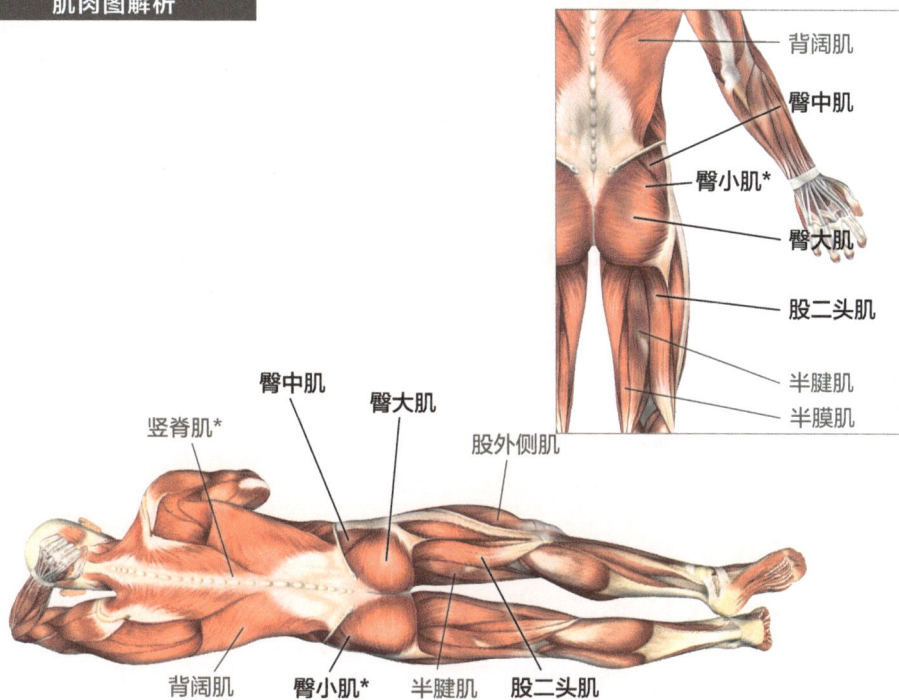

背阔肌
臀中肌
臀小肌*
臀大肌
股二头肌
半腱肌
半膜肌

竖脊肌*　臀中肌　臀大肌　股外侧肌

背阔肌　臀小肌*　半腱肌　股二头肌

⚠️ **注意事项**

腿部疼痛、髋关节疼痛、腰部有问题时，谨慎练习。

❸ 完成规定次数后，回到起始位置。换至对侧重复以上步骤。

👤 **动作变式**　**臀肌练习－侧卧－单腿向前画圆**

侧卧，非着地侧的腿屈髋直膝置于身体前方，以大腿为圆心，直膝缓慢地沿顺时针画圆。

 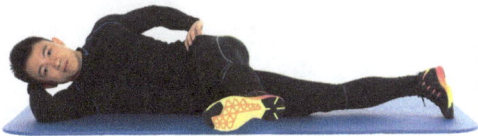

臀肌练习-侧卧-单腿外旋、内旋

扫描二维码
看动作视频

难度等级	中级
辅助器械	瑜伽垫
目标肌肉	臀大肌、臀小肌、臀中肌、阔筋膜张肌、股二头肌

要点提示

◆ 核心收紧，背部平直，脊柱保持中立位。

◆ 髋外旋、内旋的同时，躯干保持稳定。

◆ 大腿做外旋与内旋时，双腿伸直平行于地面。

① 侧卧于垫上，头枕一侧臂，另一侧手置于腰部，躯干呈一条直线，两腿伸直，分开一定的距离。

⚠ **注意事项**

腿部疼痛、髋关节疼痛、腰部有问题时，谨慎练习。

② 一侧腿带动臀部发力外旋，外旋至最大幅度。

肌肉图解析

背阔肌
臀中肌
臀小肌*
臀大肌
股二头肌
半腱肌
半膜肌

股直肌
股内侧肌

阔筋膜张肌 缝匠肌 股外侧肌

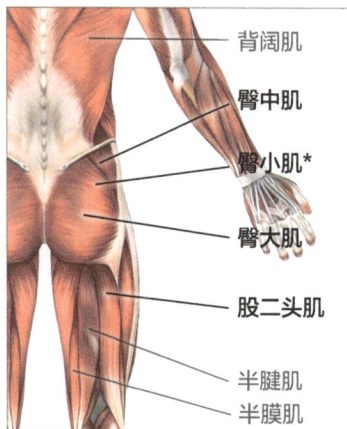

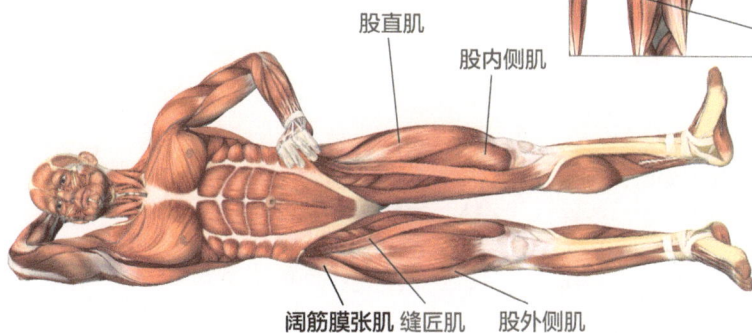

❸ 随后缓慢内旋，大腿做外旋
与内旋时，双腿保持伸直。

❹ 完成规定次数后，回到起
始位置。换至对侧重复以
上步骤。

臀肌练习-侧卧-单腿屈膝内外旋

扫描二维码
看动作视频

难度等级	中级
辅助器械	瑜伽垫
目标肌肉	臀中肌、臀大肌、臀小肌、股二头肌、缝匠肌
要点提示	

◆ 核心收紧，腰背挺直，脊柱保持中立位。

◆ 髋外旋、内旋的同时，躯干保持稳定。

◆ 大腿做外旋与内旋时，着地腿伸直平行于地面。

1 侧卧于垫上，头枕一侧臂，另一侧手置于腰部，躯干呈一条直线，着地侧的腿伸直，非着地侧的腿屈膝屈髋，使脚在伸直腿的膝关节上方，两膝方向一致。

⚠ **注意事项**

腿部疼痛、髋关节疼痛、腰部有问题时，谨慎练习。

2 臀部发力带动非着地侧的腿外旋，使髋关节外旋至最大幅度。

肌肉图解析

背阔肌

臀中肌

臀小肌*
臀大肌
股二头肌

半腱肌
半膜肌

股直肌

缝匠肌　股内侧肌

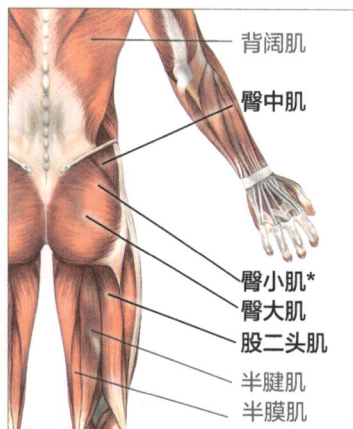

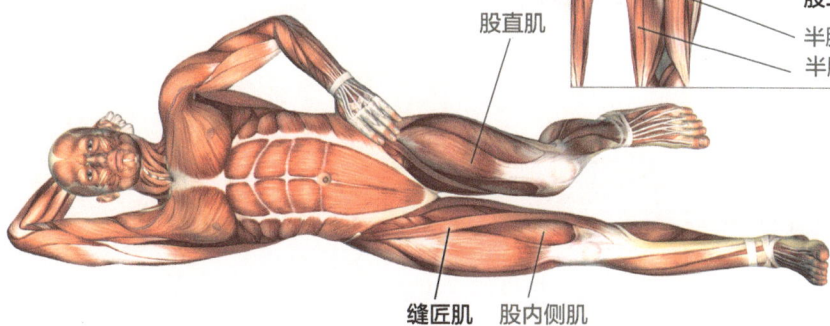

❸ 随后缓慢内旋，大腿做外旋与内旋时，保持脚跟抬离地面，在着地侧腿的上方。

❹ 完成规定次数后，回到起始位置。换至对侧重复以上步骤。

5.3 跪撑姿

跪撑-屈膝伸髋

扫描二维码
看动作视频

难度等级	初级
辅助器械	瑜伽垫
目标肌肉	臀大肌、腘绳肌

要点提示

◆ 核心收紧，保持背部平直，脚尖勾起。

◆ 运动过程中，抬起腿在一个平面内运动。

◆ 该练习对肩胛稳定肌群也有较好的强化作用。

❶ 俯身跪姿，双臂伸直支撑于垫上保持背部平直，核心收紧。

❷ 保持身体稳定的同时，一侧腿向后上方抬起至大腿与躯干呈一条直线。

肌肉图解析

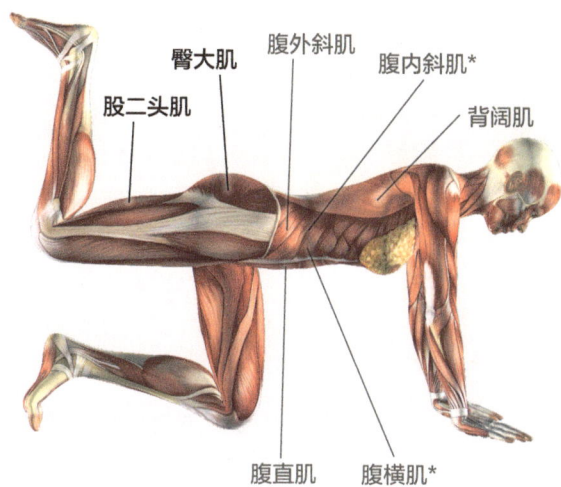

臀大肌
股二头肌
腹外斜肌
腹内斜肌*
背阔肌
腹直肌
腹横肌*

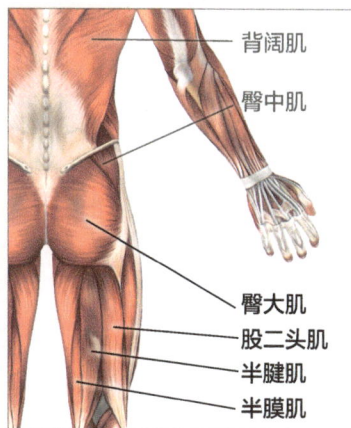

背阔肌
臀中肌
臀大肌
股二头肌
半腱肌
半膜肌

⚠ **注意事项**

腿部疼痛、髋关节疼痛、腰部有问题时，谨慎练习。

3 回到起始位置，完成规定次数。换至对侧重复以上步骤。

跪撑－髋外旋

扫描二维码
看动作视频

难度等级	初级
辅助器械	瑜伽垫
目标肌肉	臀中肌

要点提示

◆ 核心收紧，保持背部平直，脚尖着地。

◆ 运动过程中，膝关节角度不变。

❶ 俯身跪姿，双臂伸直支撑于垫上，保持背部平直，核心收紧。

❷ 保持身体稳定的同时，一侧腿保持屈膝并向外侧抬起至最大幅度。

肌肉图解析

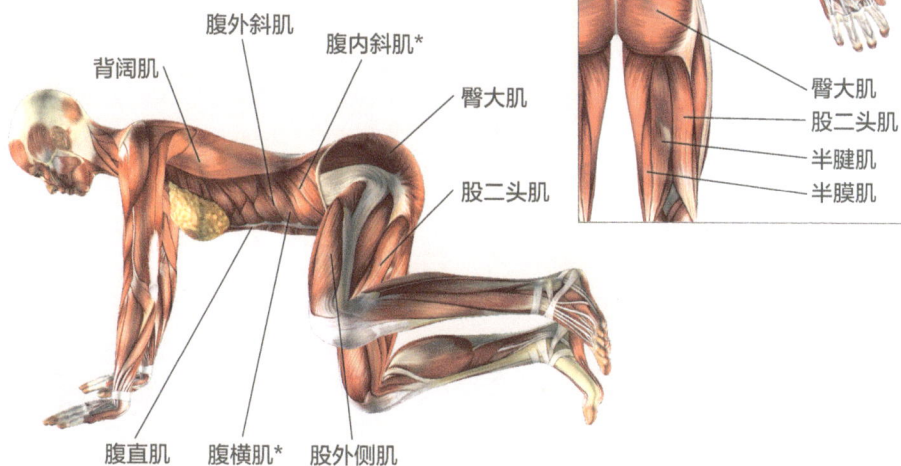

背阔肌

臀中肌

腹外斜肌
腹内斜肌*
臀大肌
股二头肌

背阔肌

臀大肌
股二头肌
半腱肌
半膜肌

腹直肌　腹横肌*　股外侧肌

⚠ **注意事项**

腿部疼痛、髋关节疼痛、腰部有问题时，谨慎练习。

3 回到起始位置，完成规定次
数。换至对侧重复以上步骤。

≫

跪撑-伸腿画圆

扫描二维码
看动作视频

难度等级	**中级**
辅助器械	**瑜伽垫**
目标肌肉	**臀大肌**

要点提示

◆ 向后伸腿时，躯干保持稳定，核心收紧。

◆ 感受臀大肌、腘绳肌的收缩发力。

⚠ **注意事项**

腿部疼痛、髋关节疼痛、腰部有问题时，谨慎练习。

① 俯身跪姿，双臂伸直支撑于垫上，双手在肩部正下方，保持背部平直，核心收紧。

② 一侧腿单膝支撑，另一侧腿直膝向后抬离地面，大腿大致与地面平行，以髋关节为中心，带动大腿画圆。

肌肉图解析

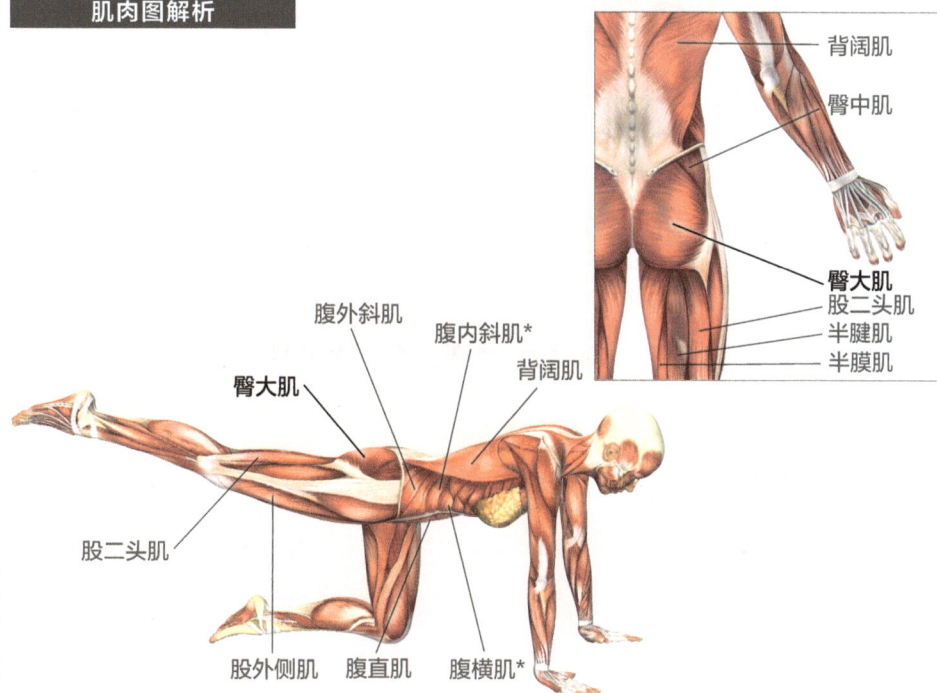

背阔肌
臀中肌
臀大肌
股二头肌
半腱肌
半膜肌

腹外斜肌
腹内斜肌*
背阔肌
臀大肌
股二头肌
股外侧肌
腹直肌
腹横肌*

3 完成规定次数后，回到起始位置。换至对侧重复以上步骤。

5.4 瑞士球上俯撑姿

瑞士球-俯撑-交替伸髋

扫描二维码
看动作视频

难度等级	高级
辅助器械	瑞士球
目标肌肉	腹直肌、腹横肌、腹外斜肌、腹内斜肌、臀大肌

要点提示

◆ 核心收紧，保持背部平直。

◆ 双手位于肩部正下方。

◆ 髋关节保持中立位。

◆ 该练习对肩胛稳定肌群也有较好的强化作用。

❶ 双手撑地，俯卧于瑞士球上，腹部和大腿上部贴球，保持背部平直，两脚离地。

❷ 臀部发力，向上直膝抬起一侧腿。

肌肉图解析

腹外斜肌　腹内斜肌*　臀大肌

背阔肌

三角肌前束

腹外斜肌

腹直肌

腹横肌*

腹内斜肌*

股外侧肌

腹直肌　腹横肌*　阔筋膜张肌

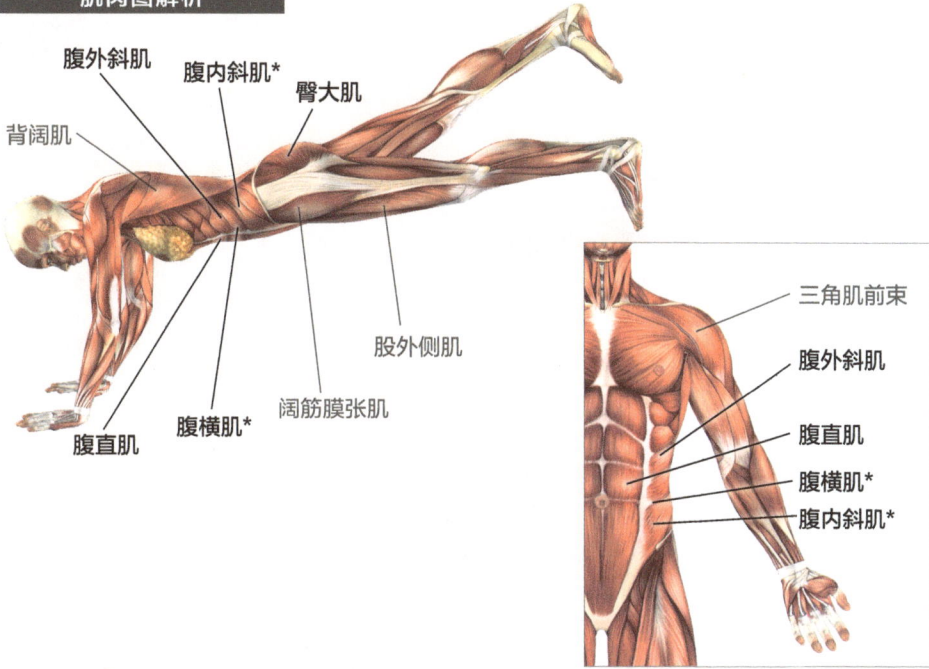

❸ 抬起腿下落的同时，
换对侧腿抬起。

⚠ **注意事项**

腿部疼痛、髋关节疼痛、腰
部有问题时，谨慎练习。

❹ 两侧交替，完成规定次
数后，回到起始位置。

瑞士球-俯撑-直腿上摆

扫描二维码
看动作视频

难度等级	**高级**
辅助器械	**瑞士球**
目标肌肉	**臀大肌、竖脊肌**

要点提示

◆ 核心收紧，保持背部平直。

◆ 双腿并拢并伸直。

◆ 该练习对肩胛稳定肌群也有较好的强化作用。

❶ 双手撑地，屈髋屈膝俯卧于瑞士球上，腹部支撑于球上，双腿并拢，脚尖撑地。核心、臀部收紧。

❷ 双脚蹬地，身体前移，双腿伸直抬起至身体呈一条直线。

肌肉图解析

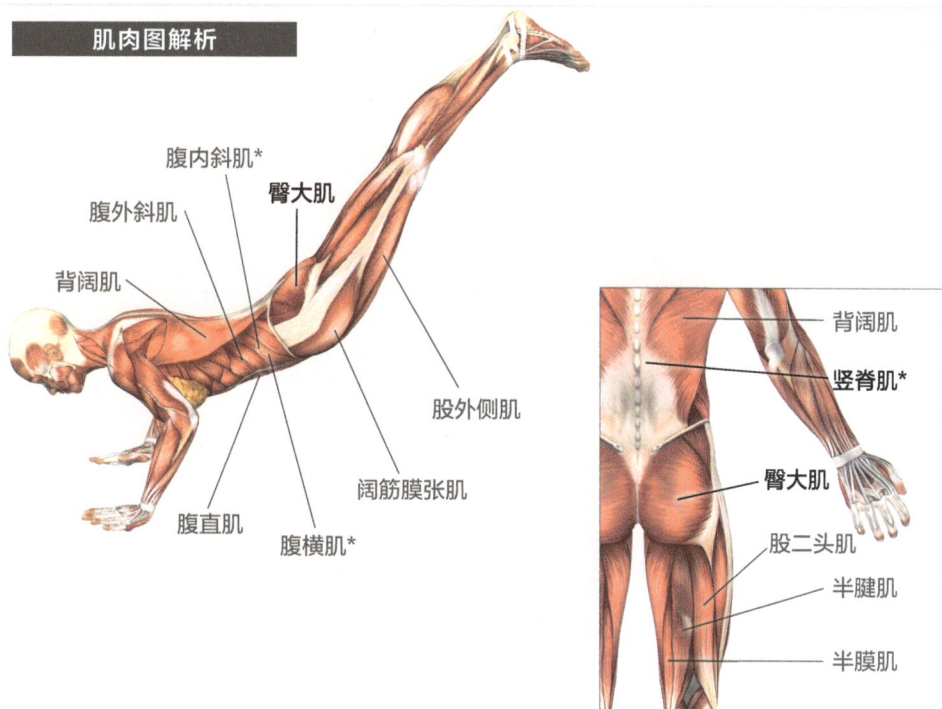

腹内斜肌*
腹外斜肌
背阔肌
臀大肌
股外侧肌
阔筋膜张肌
腹直肌
腹横肌*

背阔肌
竖脊肌*
臀大肌
股二头肌
半腱肌
半膜肌

⚠ 注意事项

腿部疼痛、髋关节疼痛、腰部有问题时，谨慎练习。

3 屈肘，臀部肌肉、竖脊肌收缩，使双腿抬起至最高高度。回到起始位置，完成规定次数。

第 6 章
躯干支柱力量训练
计划的制订

躯干支柱力量训练的目标是提高神经肌肉效率和稳定性，以及为动作搭建良好的力量平台，其重点是神经适应，而不是绝对力量的增强。躯干支柱力量训练计划强调动作的质量，而非数量，使用多感官环境和多种训练器材来提高对本体感觉的要求比增加外部阻力更为重要。一份全面的躯干支柱力量训练计划应该是系统化、进阶式且具有功能性的，所以我们在制订计划之前需要详细了解肩关节、脊柱与髋关节的运动功能。根据个性化原则和渐进性原则选择恰当的动作进行练习，调控运动平面、活动范围、辅助器材、身体姿势、控制程度、动作速度及其他关键的训练变量。但需要注意的是，躯干支柱力量训练必须是安全的，可以根据训练周期带有一定的挑战性。

6.1 从呼吸模式训练开始

首先应该从最基本的动作模式开始，尤其对于初学者而言，这类动作容易教授，且容易让初学者学习和掌握。在教授动作模式时，我们可以从教授正确的呼吸模式开始，这是一切运动模式的起点。大部分人的颈痛、腰痛、运动损伤、运动时呼吸不畅等都与不正确的呼吸模式有很大的关系。每一次不正确的呼吸都会让你不该发力的肌肉发力，从而使其变得紧张，该发力而不发力的肌肉功能逐渐减弱，问题便随之而来。

人体一般使用 3 种呼吸方式，分别是胸式呼吸、腹式呼吸及胸腹式呼吸。

胸式呼吸以肋骨和胸骨的活动为主，吸气时胸廓纵向和横向直径增大。在进行胸式呼吸时，吸气会使空气直接进入肺部，故胸腔会因此而扩大，而腹部保持平坦。这类呼吸有肋间肌的参与，因此呼吸阻力较小，成人尤其是女性会采用这类呼吸方式，但胸式呼吸会逐渐弱化膈肌的作用。

腹式呼吸则以膈肌的运动为主，吸气时胸廓的纵向直径增大。在进行腹式呼吸时，吸气会使横隔膜下降，腹内压增加，可以在一定程度上提高神经肌肉效率，并增加椎间的稳定性。训练时可以从仰卧动作开始，双腿屈膝，双脚置于地面，双手叠放于腹部上方，全程微微用力下压。吸气时用鼻吸，呼气时用嘴呼，一呼一吸的速度要慢，双手感受到腹部上下移动。另外，也可将双手叉于腹部两侧，呼吸时感受腹部两侧扩张。

还有一种胸腹式呼吸的方法，我们在临床上称为"90/90 度桥式吹气球"，它不仅可以矫正呼吸模式、激活膈肌，同时还能提高躯干的稳定性。这个动作要求人体仰卧屈髋屈膝 90 度，双脚脚后跟蹬墙，双膝之间夹一个泡沫轴并向内挤压，感受大腿后群和内侧的发力。左手持气球，右手上举过头，通过鼻吸口呼，尾骨微微上卷上抬，骨盆后旋，下背部紧贴地面。用鼻子吸气，缓缓吹起气球，气尽后舌抵上颚使气不外泄并保持 3 秒；保持舌抵上颚，勿箍紧气球颈环，用左手持稳气球再次吹起。

6.2 从仰卧动作逐渐过渡到站立动作

新生儿中枢神经系统和肌肉功能的逐渐成熟与解剖结构的成熟息息相关，在中枢神经系统发育成熟的过程中，肌肉间相互协调，自发形成了姿势活动。从发育的角度而言，个体的姿势发育其实就是确立了最佳姿势，肌肉协调的最佳情况就是关节负荷的最佳状态，这也就确定了最佳的运动模式。这个过程是由遗传因素决定的，并伴随中枢神经系统的成熟自动开始。我们可以观察到婴儿从仰卧姿势开始，逐渐侧卧、俯卧、俯卧肘支撑、俯卧手支撑，然后发育到跪撑、爬行、下蹲直至站立并开始行走。所以我们也可以从最基本的动作模式开始，不断训练并强化，使人体失衡或者失活的肌肉再次得到平衡与激活。

躯干支柱力量训练能够整合并稳定系统，进行特定的功能性练习，提高脊柱的稳定性，通过刺激并训练大脑来协调激活稳定肌群，从而实现最佳的动作模式。在动作练习中，脊柱尽可能轴向伸展，每个动作都需要强调呼吸，这样腹内压才能被有效利用，从而有助于脊柱获得良好的稳定性。表 6.1 提供了以躯干为例的训练计划示例，供大家参考。

◆ 表6.1　躯干支柱力量训练计划示例——以躯干为例

序号	动作名称	动作图片	负荷
1	臀桥－动态		（3秒向心+3秒离心）每组15次；2~4组
2	侧桥－分腿		每边30~60秒为1组；2~4组
3	俯桥－转体		每边10~15次为1组；2~4组
4	平板支撑－单臂上举		每边8次为1组，每次保持3秒；2~4组

6.3 从静态稳定性动作逐渐过渡到动态稳定性动作

人体动作系统在既定时间内所有组件的独立和相互依赖的排列（静态）及功能（动态），都受中枢神经系统的控制。静态稳定性动作依靠在牢固不变的支撑面上保持平稳的能力，而动态稳定性动作则依靠在支撑的基础上转移身体重心竖直方向投影的能力。因此，静态姿势稳定性动作训练对于保持和稳定特定的身体姿势至关重要。人体肌肉失衡及不良的肌肉募集模式会导致静态姿势出现异常，那么就有必要首先进行静态稳定性动作练习，通过反复练习帮助训练者形成不同姿势下的静态稳定性。随着静态稳定性逐渐建立，训练者就可以尝试通过动态稳定性动作来实现运动功能。表 6.2 提供了以躯干为例的训练计划示例，供大家参考。

◆ 表 6.2　躯干支柱力量训练计划示例——以躯干为例

阶段	动作名称	动作图片	负荷
第 1 阶段	直臂平板支撑		30~60 秒为 1 组；2~4 组
第 2 阶段	平板支撑 – 单臂上举		每边 30~60 秒为 1 组；2~4 组
第 3 阶段	平板支撑 – 对侧上举		每边 10~15 次为 1 组；2~4 组
第 4 阶段	平板支撑 – 动态前屈髋		每边 15~20 次为 1 组；2~4 组

6.4 加入各种训练设备以增加动作难度

我们可以通过给身体增加外部负荷的方式来增强躯干支柱力量，它会改变阻力矩，例如我们会选择哑铃、杠铃片、迷你弹力带、弹力带等。瑞士球、TRX悬吊带也是增加动作难度非常好的训练工具，它们会改变支撑面的稳定性，增强身体的控制力。以肩部为例，通常我们可以通过俯卧 –T 字来增强菱形肌与中下斜方肌力量，以提高肩胛骨的稳定性。如果我们使用瑞士球创造了一个不稳定的环境，那么难度又有了一个明显的提升。双手持弹力带或哑铃会对肌肉提出新的挑战，我们可以通过选取不同阻力的弹力带或不同重量的哑铃进行练习。表 6.3 提供了以肩部为例的训练计划示例，供大家参考。

◆ 表 6.3　躯干支柱力量训练计划示例——以肩部为例

器材	动作名称	动作图片	负荷
瑜伽垫	俯卧 –T 字		15 次为 1 组；3~5 组
瑞士球	瑞士球 – 俯卧 –T 字		15 次为 1 组；3~5 组
弹力带	弹力带 – 站姿 –T 字激活		15 次为 1 组；3~5 组

6.5 基于肌肉不平衡进行有针对性的训练

躯干支柱力量训练计划旨在解决一些可能存在的肌肉不平衡问题，这类问题可能会进一步导致动作模式异常和运动损伤。例如，躯干伸肌和躯干屈肌之间的肌力不平衡可能会导致腰肌劳损或腰椎间盘的问题；伸髋肌群和屈髋肌群之间的肌力不平衡可能会导致骨盆前倾或骨盆后倾；菱形肌、斜方肌中下束肌力薄弱可能会导致翼状肩；前锯肌薄弱可能会导致肩部撞击，甚至使肩袖肌群撕裂。

我们需要认识到，特定体育运动中长期重复的动作模式或是工作中保持的静态动作都有可能导致肌肉肌力不平衡。所以我们在制订躯干支柱力量训练计划前需要评估人体静态动作和动态运动模式，并对与这些模式相关的不平衡问题进行有效的识别。对特定的肌肉或肌群进行测试，发现躯干支柱区域的薄弱环节。我们在进行主要力量训练或者技术训练之前，要针对人体肌肉肌力不平衡的情况安排一些躯干支柱力量训练，以激活和强化薄弱的肌肉，同时对不良的动作模式进行有效的矫正。

我们以改善膝关节内扣为例，通常膝关节内扣除了与踝关节有关以外，更重要的是与髋关节周围肌力失衡有关，尤其是髋外展肌群相对薄弱，髋内收肌群肌力不平衡，从而导致股骨发生偏移和旋转，引发膝内扣。针对这一问题，我们可以采用强化伸髋肌群和髋外展肌群的动作来进行针对性的训练。表6.4提供了以髋部为例的训练计划示例，供大家参考。

◆ 表 6.4　躯干支柱力量训练计划示例——以髋部为例

序号	动作名称	动作图片	负荷
1	迷你带 – 双腿臀桥		15~20 次为 1 组； 2 组
2	动态臀桥 – 军步伸膝		每边 15 次 1 组； 2 组
3	侧卧 – 直膝髋外展		每边 20 次 1 组； 2 组
4	侧卧 – 屈膝髋外旋		每边 20 次 1 组； 2 组

参考文献

[1] 格雷格·布里滕纳姆，丹尼尔·泰勒.核心体能训练：释放核心潜能的动作练习和方案设计 [M].王轩，译.北京：人民邮电出版社,2019.

[2] 美国国家体能协会，杰弗里·M.威拉德逊.美国国家体能协会核心训练指南：修订版 [M].王轩，译.北京：人民邮电出版社,2019.

[3] 霍利斯·兰斯·利伯曼.肌肉训练完全图解：核心稳定性训练 [M].杨溪，译.北京：人民邮电出版社,2015.

[4] 美国人体运动出版社，杰森·布鲁米特.核心评估与训练：核心能力的精准测试与针对性发展 [M].王轩，译.北京：人民邮电出版社,2017.

[5] 阿比盖尔·埃尔斯沃思.肌肉训练彩色解剖图谱：核心训练 [M].张可盈，译.北京：人民邮电出版社,2017.

[6] 美国国家运动医学学会等.NASM-CPT 美国国家运动医学学会私人教练认证指南：第 6 版 [M].沈兆喆,JUZPLAY® 运动表现训练，译.北京：人民邮电出版社,2019.

[7] 美国国家运动医学学会等.NASM-CES 美国国家运动医学学会纠正性训练指南：修订版 [M].王雄,JUZPLAY® 运动表现训练，译.北京：人民邮电出版社,2019.

[8] 美国国家运动医学学会等.NASM-PES 美国国家运动医学学会运动表现训练指南：第 2 版 [M].崔雪原,JUZPLAY® 运动表现训练，译.北京：人民邮电出版社,2020.

[9] 美国国家体能协会.美国国家体能协会体能测试与评估指南 [M].高炳宏，杨涛，译.北京：人民邮电出版社,2019.

[10] 韩春远，王卫星，成波锦等.核心力量训练的基本问题——核心区与核心稳定性 [J].天津体育学院学报,2012,27(02):117-120+172.

[11] 季磊.功能性力量训练的实质及其训练方法探析——基于悬吊训练、振动力量训练、核心力量训练、本体感觉功能训练 [J].南京体育学院学报（自然科学版),2011,10(02):73-75.

[12] 关亚军，马忠权.核心力量的定义及作用机制探讨 [J].北京体育大学学报,2010,33(01):106-108.

[13] 冯建军，袁建国.核心稳定性与核心力量研究述评 [J].体育学刊,2009,16(11):58-62.

[14] 于红妍，王虎，冯春辉等.核心力量训练与传统力量训练之间关系的理论思考——核心稳定性训练 [J].天津体育学院学报,2008(06):509-511.

[15] 黎涌明，于洪军，资薇等.论核心力量及其在竞技体育中的训练——起源·问题·发展 [J].体育科学,2008(04):19-29.

[16] 王卫星，李海肖.竞技运动员的核心力量训练研究 [J].北京体育大学学报,2007(08):1119-1121+1131.

[17] 陈小平，黎涌明.核心稳定力量的训练 [J].体育科学,2007(09):97.

[18] 王雄，沈兆喆.身体功能训练动作手册 [M].北京：人民体育出版社,2014.

作者简介

沈兆喆

国家体育总局训练局体能康复中心体能训练师；曾不同时期与多支国家队和优秀运动员合作；参与编著《身体功能训练动作手册》；译有《速度训练：理论要点、动作练习与运动专项训练计划》《NASM-CPT美国国家运动医学学会私人教练认证指南（第6版）》等书。

王雄

清华大学运动人体科学硕士，体育教育训练学博士，副研究员；国家体育总局训练局体能训练中心创建人、负责人；国家体育总局备战2012伦敦奥运会身体功能训练团队召集人，备战2016里约奥运会身体功能训练团队体能训练组组长；为游泳、排球、乒乓球、羽毛球、体操、跳水、举重和帆板等十余支国家队提供过体能测评和训练指导服务；中国体育科学学会体能训练分会常委，北京体育科学学会体能分会副主任委员，北京体能训练协会常务理事；清华-长三角研究院特聘研究员；《身体功能训练动作手册》和"儿童身体训练动作指导丛书"主编；译有《精准拉伸：疼痛消除和损伤预防的针对性练习》《体育运动中的功能性训练（第2版）》《自由风格训练：4个基本动作优化运动和生活表现》《美国国家体能协会力量训练指南（第2版）》等书，在《体育科学》、*Journal of Sports Sciences*等中外期刊发表文章十余篇；研究方向包括身体训练（专业体能和大众健身）、健康促进工程和青少年体育等。